金融创新运营示范区：
功能定位、区域协同和发展路径

王爱俭　林文浩　著

中国金融出版社

责任编辑：任　娟
责任校对：张志文
责任印制：陈晓川

图书在版编目（CIP）数据

金融创新运营示范区：功能定位、区域协同和发展路径／王爱俭，林文浩著. —北京：中国金融出版社，2020.8
ISBN 978 - 7 - 5220 - 0801 - 1

Ⅰ.①金…　Ⅱ.①王…②林…　Ⅲ.①金融改革—研究—中国
Ⅳ.①F832.1

中国版本图书馆 CIP 数据核字（2020）第 174724 号

金融创新运营示范区：功能定位、区域协同和发展路径
JINRONG CHUANGXIN YUNYING SHIFANQU：GONGNENG DINGWEI、
QUYU XIETONG HE FAZHAN LUJING

出版
发行　**中国金融出版社**

社址　北京市丰台区益泽路 2 号
市场开发部　（010）66024766，63805472，63439533（传真）
网 上 书 店　http：//www.chinafph.com
　　　　　　（010）66024766，63372837（传真）
读者服务部　（010）66070833，62568380
邮编　100071
经销　新华书店
印刷　保利达印务有限公司
尺寸　169 毫米×239 毫米
印张　12.25
字数　170 千
版次　2020 年 8 月第 1 版
印次　2020 年 8 月第 1 次印刷
定价　40.00 元
ISBN 978 - 7 - 5220 - 0801 - 1
如出现印装错误本社负责调换　联系电话(010)63263947

❖ 前 言 ❖

近年来，天津市以实现"全国先进制造研发基地、北方国际航运核心区、金融创新运营示范区、改革开放先行区"的定位作为经济社会发展的关键目标。建设金融创新运营示范区成为天津贯彻新时期国家战略、服务京津冀协同发展、实现城市崭新定位的重要支点。天津正牢牢把握自由贸易试验、区域协同发展"一开一合"的战略机遇，积极借鉴全球领先金融中心的建设经验，力争在金融创新、运营服务的示范发展方面取得重要成果。

在建设金融创新运营示范区方面，天津具备国家战略叠加、市场腹地广阔、前期基础扎实、改革决心坚定等优势。自2006年天津滨海新区开发开放纳入国家战略以来，天津坚持将金融先行先试作为国家综合配套改革试验的首要任务，积累了丰富的改革经验。2015—2020年，金融创新运营示范区在实现自身定位、推动天津"一基地三区"联动、服务国家区域发展战略方面积累了一批可复制、可推广、可升级的经验。

当前，金融创新运营示范区在服务以首都为核心的世界级城市群、区域整体协同发展改革引领区、全国创新驱动经济增长新引擎和生态修复环境改善示范区的过程中发挥着积极且显著的作用。天津正加快发展产业金融、科技金融、物流金融、租赁金融和绿色金融，创新推广更多管用、好用的金融产品。天津加快推进金融开放创新，建设高水平的国家租赁创新示范区，加快世界级融资租赁聚集区建设，先后推出数十项金融创新产品，精准服务实体经济发展。

本书以新时代金融创新运营示范区的功能定位、区域协同和发展路径为研究对象，共有八章，分五个部分：第一部分（第一章、第二章）提出研究背景，阐述研究思路，界定研究对象。第二部分（第三章、第四章）运用数理模型、计量分析和经验比较等方法进行金融创新运营示范区发展的理论和经验研究。第三部分（第五章）研究金融创新运营示范区的评价体系。第四部分（第六章、第七章）阐述自贸区和京津冀"一开一合"战略下金融创新运营示范区的作用。第五部分（第八章）阐述本书的主要结论和对策建议。

本书受到了天津市发展和改革委员会"十三五"重点项目、中国滨海金融协同创新中心资助项目的资助。本书的写作得到了许多专家学者的指导，也得到了中国滨海金融协同创新中心全体同仁的支持。感谢中国滨海金融协同创新中心的刘玚老师和方云龙、舒鑫、王韩、刘浩杰同学的帮助。感谢中国金融出版社任娟编辑在本书出版过程中提供的诚挚帮助。限于时间和水平，书中难免存在错误和疏漏之处，恳请专家学者批评指正。

王爱俭
2020 年 5 月 1 日于天财园

❖ 目 录 ❖

第一章 导 论

"十三五"时期，天津市基本实现将"全国先进制造研发基地、北方国际航运核心区、金融创新运营示范区、改革开放先行区"的定位作为经济社会发展的主要目标。建设金融创新运营示范区是天津贯彻京津冀协同发展战略、实现新时期城市定位的一个战略支点。作为实施多重国家战略的重叠领域，金融创新示范发展具有举足轻重的作用。自2006年天津滨海新区开发开放纳入国家战略以来，天津坚持将金融先行先试作为国家综合配套改革试验的首要任务，积累了丰富的改革经验。2016—2018年，金融创新运营示范区在实现和发展自身定位、推动天津"一个基地三个区"联动、服务京津冀协同发展方面取得了积极进展。推进金融创新运营示范区的创建将为中国深化金融改革开放积累可复制、可推广、可升级的经验，为国家实施京津冀协同发展、"一带一路"倡议等提供现代、便捷、高效的金融服务。

一、研究背景、目的和意义

（一）研究背景

京津冀三地地处我国环渤海经济带，其开放程度、战略地位、人才吸纳能力和创新水平均处在全国发展的前列。实现京津冀三地一体化发展，能够缓解区域经济发展不均衡矛盾和资源积压问题，也是推动经济转型升级和培育发展新动力的主要基地。首先，从三地的功能观来看，京津冀主要围绕以首都为核心的经济带，通过协同区域经济推进经济改革发展，三省市中的北京是全国政治中心、文化中心、国际交往中心和科技创新中心，天津则具有"三区一基地"的功能定位，而河北定位于全国现代物流重要中心、生态环境支撑地、产业升级转型试验区等，整体展示的是"三地一盘棋"的战略思想。天津创建金融创新运营示范区，要服务于区域整体定位，符合京津冀协同发展的战略需要。

近年来，天津市迎来了众多发展机遇，无论是京津冀协同发展还是自贸区的深化改革，多重战略方针的叠加赋予天津市更多的发展机遇。2013 年 5 月，习近平总书记对天津市工作提出"三个着力"① 的要求，为天津市长期发展提供了根本遵循和行动纲领。2014 年 12 月，天津自贸区获批，自贸区将探索金融制度创新。2015 年 4 月，中央审议通过《京津冀协同发展规划纲要》，明确了北京市、天津市、河北省的功能定位。其中，金融创新运营示范区成为天津市的崭新定位之一。2015—2017 年，天津市以供给侧结构性改革为主线，推进京津冀协同发展，深化金融改革开放。2018 年，天津市深入贯彻习近平总书记"三个着力"的要求，积极推进"五位一体"和"四个全面"战略方针，在"五个现代化天津"② 建设进程中迈出坚实步伐。深入推进金融供给侧结构性改革、稳步开展国家租赁创新示范区建设、不断提高金融服务区域实体经济能力，成为金融创新运营示范区建设的重要成果。

（二）研究目的

本书立足国际和国内，特别是天津市面临的新环境、新形势、新任务，深入研究金融创新运营示范区的结构、内涵，明确金融创新运营示范区在京津冀协同发展、自贸区试验、多领域深化改革、服务经济体系建设中的地位和作用；结合天津市城市定位要求和天津市实际特征，分析天津市建设金融创新运营示范区的主要差距、瓶颈制约和难点问题；研究得出构建与新时期天津市定位相适应的金融创新运营示范区的总体思路、奋斗目标；制定金融创新运营示范区建设评价体系和评价标准；提出金融创新运营示范区建设的路径选择、工作重点，以及具有科学性、前瞻性、针对性和可行性的对策建议。

---

① 着力提高发展质量和效益、着力保障和改善民生、着力加强和完善党的领导。
② 创新发展、开放包容、生态宜居、民主法治、文明幸福的现代化天津。

(三) 研究意义

本书基于金融地理学、金融创新、城市经济学、演化经济学等前沿理论和最新文献，深入研究金融创新运营示范区的具体内涵和功能属性，体现金融创新运营示范区这一区域金融枢纽新形态的独特性和开创性；分析金融创新运营示范区发展的影响因素和作用机制，揭示金融创新运营示范区形成演变的客观规律；构建反映金融创新运营示范区与其他城市功能联动发展的理论模型，揭示金融创新运营示范区与全国先进制造研发基地、北方国际航运核心区、改革开放先行区等其他城市功能之间的联动机制，对于推动区域金融理论创新和城市经济学、金融地理学等交叉、边缘领域发展具有重要的学术价值。

本书在明确、深化和集成新形势下金融创新运营示范区的具体内涵、地位、作用的基础上，制定金融创新运营示范区建设评价体系，科学、客观、全面地测度和评价金融创新运营示范区的功能定位和主要特征；结合天津市城市定位要求和市情特征，分析金融创新运营示范区建设的差距、瓶颈和难点问题；重点研究提出"十三五"时期天津市建设金融创新运营示范区的总体思路、定位目标、路径选择、对策建议，以及与天津市其他功能定位联动发展的重大举措，为天津市城市功能升级，尤其是金融创新运营示范区建设提供决策参考和督导依据，具有积极、深远的现实意义。

二、理论基础和文献综述

(一) 理论基础

金融创新运营示范区研究是一个介于城市经济学、金融地理学和区域金融学的交叉问题和新兴研究领域，前期研究成果较少。本书通过广泛、深入地梳理经济学家有关金融中心形成演变，金融创新、深化和发展的经典理论，为金融创新运营示范区研究打下了深厚的理论基础。

1. 金融创新相关理论

历史上，四位重要的金融学家针对金融创新提出了各自不同的观点。

米勒（Miller，1986）将金融创新的特征归结为可获得的金融产品和过程（基本上）"不能预见的改进"。他认为，重大金融创新即使在初始动力消失后也仍然能够继续发展。Silber（1983）把创新性的金融工具和过程看成是公司试图减少它们所面临的金融限制的手段，认为金融工程学能对新的或更严格的限制作出反应。Horne（1985）认为，使一种新的金融工具或过程成为真正的创新，必须能使市场更有效率或更完全，而这取决于金融工程学的进展。综合国外学者的观点，我们可以将推动金融创新的因素分为十类：（1）降低金融风险；（2）代理成本的减少；（3）发行成本的减少；（4）可以被发行者或（和）投资者用来减少税负的税收不对称；（5）规章或法律的变动；（6）利率水平及其波动；（7）价格和汇率水平及其波动；（8）学术研究；（9）会计利益；（10）技术进步和其他因素。

20世纪七八十年代，金融创新带来了种类繁多的（几乎是惊人的）新证券。Finnerty（1988）汇总了许多种类的证券创新，并从前文所列出的因素中找出能对其进行解释的主要因素，描述了这些证券和资产的创新性贡献。

2. 金融发展相关理论

金融发展理论大致可以分为两个主题，即研究经济发展与金融发展二者之间的联系、探索发展中国家应采取的金融政策，主要包括金融结构理论、金融深化和金融抑制理论。金融发展理论的先驱是雷蒙德·戈德史密斯（Raymond W. Goldsmith，1969），其在《金融结构与金融发展》一书中首次提到"金融结构"这一概念，指出在金融结构出现变化的过程中，金融发展能够有效促进经济增长。随后，Ronald I. McKinnon（1973）和 Edward S. Shaw（1973）分别提出了"金融抑制理论"和"金融深化理论"。McKinnon 和 Shaw 认为，金融发展的根基是经济发展，而金融又是经济快速发展的动能、工具和手段，当政府过多干预金融活动进而抑制金融体系发展时，金融将阻碍经济发展；当政府放松管制、金融自由化政策促进金融发展时，金融将在经济发展中起到积极作用。这些理论的产生不仅丰富了对金融中心的解释，也在一定程度上推动了金融中心的发展。

3. 金融中心形成理论

早在 20 世纪初，Powell（1915）就在其著作《货币市场的演进》中详细描述了银行聚集并集中在伦敦的金融结构演进过程。进入 20 世纪后半叶以来，金融中心研究再度兴起。首先是关于金融中心的聚集效益。Kindleberger（1974）、Yang Xiaokai 和 Borland Jeff（1991）运用经济分析方法证明集中交易能够大幅提高交易效率。Vernon（1960）利用近距离沟通便利解释了金融服务等大部分服务行业均选择在大城市扎根的原因。Kindleberger（1974）指出，金融中心创建本身存在的外部规模经济效益将实现金融聚集的自我强化。经济学家们的理论分析揭示了金融机构集中建立在金融资源较为聚集的地方。其次是关于金融企业的区位选择。E. P. Davis（1990）将地理选取理论加入了金融中心研究领域。金融企业在对区位进行决策时，将综合考虑供给需求因素和技术进步因素。最后是地方政府在金融中心形成中的作用。经济史学家 Gras（1922）提出都市发展阶段论，认为金融业处于都市发展的最高阶段，其对资源的集中度较高。

4. 金融中心竞争理论

Reed（1981）开启了量化金融中心研究之先河，加入大量的协变量来考察国际金融中心创建的评估系数，共设定了五个层次，分别为省市一级、国内地区性属性、全国属性、区域国际属性和世界性属性的金融中心。然而，各个金融中心在发展过程中会存在激烈竞争，即处在同一层级上的金融中心通过在金融机构和市场占有份额指标上的竞争来提升其影响力。城市之间金融中心的竞争还会受到内外部经济环境、经济周期、政府更迭等多方面的影响，而影响其竞争能力的公共政策主要包括地区优势、人力资源、信息技术等的先进性和有效性；此外，还应包括税收环境和监管政策。

（二）文献综述

1. 国外文献综述

（1）关于金融中心形成因素的文献综述。Sassen（2001）认为，全球城市体系建设的供给引导因子已经成为国际金融中心形成的普遍解释，在供给引导的途径中产生的金融中心往往是政府有意识建设的结果。Grote M. H. 等（2002）使用价值链方法分析了金融技术变化对金融中心空间布局的影响。Zhao S. X. B.（2005）基于中国案例，认为信息不对称是影响金融中心发展和跨国公司选址的重要因素。Wang D.、Zhao S. 和 Wang D.（2010）探讨了信息腹地因素对金融集聚和金融中心发展的影响。

（2）关于金融中心竞争力的文献综述。Grote Michael H.（2008）研究发现法兰克福金融中心对外国银行的吸引力呈倒"U"形，认为未来欧洲二线金融中心的地位将下降。Ewald E. 和 Grote M. H.（2009）运用新经济地理学和比较政治经济学方法，研究了证券虚拟交易对法兰克福等二线金融中心的影响。Cetorelli N. 和 Peristiani S.（2013）利用社会网络分析方法评估了世界各地创建金融中心的相对重要性，指出新兴经济体建立金融中心城市的主要目的在于改善全球市场条件，而非美国金融中心竞争力的降低。

（3）关于离岸金融中心的文献综述。Donaghy M.（2003）认为离岸金融中心是金融全球化的结果。Rose Andrew K. 等（2007）分析了离岸金融市场形成的原因和结果，认为离岸金融中心可能鼓励来源国的不良行为，也可能促进市场竞争和金融深化。Masciandaro Donato（2008）认为具有较高的政治稳定性、较低的犯罪率、实施普通法司法体系等的地方比较容易形成离岸金融中心。Larudee Mehrene（2009）认为，由于美国的富裕阶层和大型公司利用离岸金融中心的"避税天堂"功能，该国的收入和财富的两极分化更加严重。Lane Philip R.（2011）评估了小型国际金融中心在国际金融体系中的地位。

（4）关于金融中心特征的文献综述。Spufford Peter（2006）认为金融中心的成长需要以工商业为基础，一旦工商业转移到其他地区，金融中心的地位可以维持一段时间，但终将走向衰落。上海金融业联合会（2012）认为，13～19 世纪，海洋贸易重心的转移成为国际金融中心起源时期金融中心在欧洲大陆内转移的关键因素。Wojcik Dariusz（2009）研究发现，处于金融中心的企业比在其他省份的企业更可能实现股票的公开发行，发行方与中介机构的沟通便利、专业劳动力市场、公司治理激励和制度因素是初级股票市场的金融中心"偏好"的原因。Curi Claudia 等（2013）探讨了本国或东道国因素是否可以解释在卢森堡金融中心运营的银行机构技术效率差异。

2. 国内文献综述

国内有关金融创新运营示范区的研究始于 20 世纪 80 年代。国内学者主要围绕金融中心的理论分析、建设路径、评价体系及区域金融创新等领域展开研究，形成了一批有价值的成果。

（1）关于金融中心发展的文献综述。首先，李扬（2003）、潘英丽（2003）、连建辉等（2005）、杨长江等（2011）、闫彦明（2013）、郑威等（2019）对金融中心的形成演化机理进行了理论分析，薛波（2007）认为国际金融中心研究陷入"理论衰落"。其次，褚伟（2007）、贺瑛等（2008）、高山（2009）、肖本华（2010）、汪川（2014）等学者对国际金融中心的形成发展进行了经验研究。再次，胡坚等（2003）、张泽慧（2005）、姚洋（2007）、陆红军（2007）、蔡真（2015）等学者就金融中心评价指标体系进行了深入研究。最后，吴念鲁等（2008）、俞肇熊等（2009）、吴晓求（2010）、何帆等（2011）、孙南申等（2012）、陆红军（2013）、孙国茂等（2013）、黄韬（2014）等学者就我国国际金融中心的建设路径及条件进行了探讨。王浩（2005）、赵晓斌等（2006）、李亚敏等（2007）、黄鹏翔（2018）等学者研究了跨国公司总部集聚与国际金融中心发展的关系。杨咸月（2005）、苏宁（2008）、陶锋等（2017）、国务院发展研究中心"国际经济格局变化和中国战略选择"课题组（2018）等就金融中心与城市群协同发展进行了研究。

（2）关于区域金融发展的文献综述。周小川（2013）认为，中国金融自上而下和自下而上两种改革并存、互补，介绍了天津滨海新区金融先行先试、上海国际金融中心建设等金融改革中自下而上的组成部分。范从来等（2005）、陈跃进（2006）、艾洪德等（2008）、张永鹏（2009）、郑青（2009）、陈红霞等（2010）、王叙果等（2011）、孙建红（2011）、马德功等（2012）提出了在我国一些地区建设区域金融中心的构想。孙国茂等（2013）进一步指出区域金融中心实现路径是强化政府引导下的自然形成模式，政府的作用是制度设计与供给。王仁祥等（2005）、倪鹏飞（2005）、王力（2009）、梁小珍（2011）等对我国区域金融中心的竞争力进行了深入研究。蒋瑞波等（2012）、周天芸等

（2014）实证研究了区域金融中心与区域经济增长的关系。陈时兴（2012）、汪云沾（2013）、蒋岳祥（2013）对我国前海、温州等区域的金融改革创新进行了深入探讨。

（3）关于天津市金融创新的文献综述。王爱俭（2009）、林铁钢（2010）、李文增（2010）等学者就天津市现代金融服务体系和金融改革创新进行了深入研究。王爱俭等（2014）编制发布了天津市第一个金融发展指数，测度了2006—2013年天津市金融业发展速度和景气状况，全面记录了天津市金融改革创新的成就和轨迹。同时，一些学者对天津市金融改革创新的具体领域进行了深入研究，如李敏强和刘子利（2012）提出了促进航运金融市场发展的政策建议，苗润雨等（2014）基于社会融资规模视角分析了天津市金融的发展，林铁钢（2013）对动产融资统一登记公示平台进行了研究，王曼怡（2010）就中心商务区金融集聚问题进行了研究，林铁钢（2010）、张湧泉（2012）对天津市碳金融发展进行了研究，周立群等（2003）、王爱俭（2011）对天津市金融竞争力进行了定量研究。

三、研究思路和框架设计

（一）研究思路

"十三五"时期，天津市承担着"三区一基地"的功能角色，将该定位作为经济社会发展的核心方向。天津市构建金融创新运营示范区是接洽国家发展战略方针、服务京津冀一体化发展，以及实现城市新定位的重要支点。金融创新运营示范区的内涵和功能是什么？金融创新运营示范区如何服务实体经济和京津冀协同发展？金融中心的演变规律对金融创新运营示范区有哪些启示？金融创新运营示范区的目标定位是什么？如何评价并促进这些目标的实现？本书尝试回答上述问题。

第一章是导论。本章首先阐述了研究背景、目的和意义，其次综述了理论基础和相关文献，阐述了研究思路和分析框架，归纳了研究方法，最后阐述了本书的创新点。

　　第二章是金融创新运营示范区的内涵和环境分析。本章首先界定了金融创新运营示范区的内涵和功能，其次阐述了金融创新运营示范区建设的开创性、必要性和紧迫性，归纳了金融创新运营示范区建设的机遇、政策和基础，最后重点分析了建设金融创新运营示范区的差距和瓶颈。

　　第三章是金融创新运营示范区发展和功能的理论分析。本章首先诠释了金融创新运营示范区形成演变的相关理论。其次，构建了一个包含金融创新和技术创新的熊彼特增长模型，研究金融创新和技术创新的协同机制。最后，基于 VAR 模型，实证分析了区域金融发展对区域经济发展的长期和短期影响。

　　第四章是金融创新运营示范区发展的国内外经验借鉴。本章首先综述了相关文献，其次比较了国内外金融中心和国内金融区的发展经验，揭示了金融中心和金融区的形成发展规律，最后阐述了国内外经验比较对金融创新运营示范区发展的启示。

　　第五章探讨金融创新运营示范区的目标定位和评价体系。本章首先阐述了金融创新运营示范区的总体思路、目标定位、空间布局和建设重点。其次，基于金融创新运营示范区的内涵和目标，构建了金融创新运营示范区的评价体系。最后，从整体和结构视角评价"十三五"时期以来金融创新运营示范区的发展状况。

　　第六章分析金融创新运营示范区开放功能下的自贸区软实力建设。本章以示范区开发开放为目标，以天津自贸区的发展为依托，从软实力视角讨论了示范区开放的具体路径，论证了自贸区软实力建设的必要性，阐述了自贸区软实力建设的主要内容及实施方案，为示范区乃至京津冀城市圈发展提供动力。

　　第七章探讨京津冀协同发展中的金融创新运营示范区。本章立足新时期国家战略，从区域协同视角研究了金融创新运营示范区，阐述了金融创新运营示范区服务京津冀协同发展的现实条件、典型成果和未来展望。

　　第八章是金融创新运营示范区研究的结论与政策建议。本章基于前文的研究，归纳了金融创新运营示范区的内涵特征、区域协同、发展路径和建设重点。然后，从 12 个方面阐述了金融创新运营示范区促进京津冀协同发展、城市核心功能联动和金融改革开放的对策建议。

（二）研究框架

本书研究框架见图1.1。

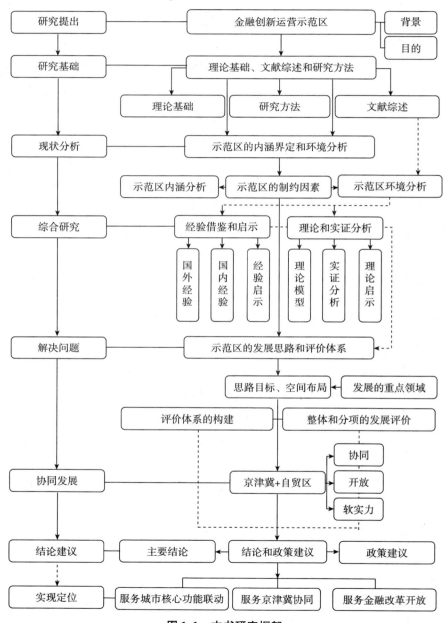

图1.1　本书研究框架

四、本书的主要研究方法

本书基于金融学、演化经济学、区域经济学、发展经济学、产业经济学、统计学的相关理论，综合运用多种研究方法，开展"十三五"时期天津市建设金融创新运营示范区研究。本书广泛应用理论与实践相结合、分析资料与调查研究相结合、定性分析与定量分析相结合、横向比较与纵向比较相结合、面上分析与重点分析相结合等研究方法。

（一）演绎法与指标体系法相结合的方法

本书立足新时期天津市定位和行业特征，借鉴先进地区经验，演绎出金融创新运营示范区的内涵与功能，研究金融创新运营示范区的主要特征，选取具有代表性的指标，构建金融创新运营示范区的评价体系。

（二）理论分析与实地调研相结合的方法

本书构建了一个包含技术创新和金融创新的经济增长模型，用于说明金融创新运营示范区服务区域实体经济发展的内在机理。本书调查研究金融创新运营示范区服务京津冀协同发展的典型成果。我们坚持理论分析和实地调研相结合，到金融机构、实体企业、政府职能部门、金融监管部门进行实地调研，为理论分析提供现实依据。

（三）比较分析和历史经验分析相结合的方法

本书综合运用比较分析和历史经验分析方法，归纳规律性和一般性因素，提高研究的科学性和稳健性。现有金融中心、金融创新、金融发展等领域的研究成果，拓宽了研究思路；国际金融中心和新兴金融区的形成演变经验，为金融创新运营示范区建设提供了现实依据。

（四）面上分析与重点分析相结合的方法

本书采取面上分析与重点分析相结合的方法，既有金融创新运营示范区功能定位等面上分析，又有金融创新运营示范区内部具体的核心功能与各自载体的重点分析；既有总体思路把握，又有具体的政策建议。

五、本书的创新之处

（一）界定金融创新运营示范区的具体内涵和主要功能

从天津市自身发展为出发点，明确天津金融创新运行示范区的具体要求及建设含义，明确金融创新运营示范区在京津冀协同发展、自由贸易区试验、多领域深化改革中的地位和作用。阐述金融创新运营示范区建设的开创性和独特性。从天津市城市定位要求、行业特征和金融创新运营示范区建设的现实条件出发，深挖天津金融创新运行示范区发展所遇到的瓶颈，识别在建设过程中的具体差距，明确金融创新运营示范区建设中的重点、难点问题。

（二）开展理论与实证研究，为示范区发展提供理论依据

通过经典的熊彼特经济增长模型，加入金融创新、金融改革及技术革新三个指标拓展传统的经济增长模型，阐述金融创新运营示范区支持区域实体经济发展的内在机理；基于 VAR 模型，实证分析区域金融发展对区域经济发展的长期和短期影响；分析金融创新运营示范区服务京津冀协同发展、增强区域凝聚力的内在机理。

（三）构建并实际应用金融创新运营示范区的评价体系

本书基于金融创新运营示范区的内涵、功能和目标，构建金融创新运营示范区的评价指标体系，并编制相关指数。应用这个评价体系，从整体和结构视角分别评价了"十三五"时期以来金融创新运营示范区的发展状况。

（四）提出有针对性的思路、目标、路径和对策建议

本书提出了金融创新运营示范区建设发展的总体思路、目标定位、

发展路径和建设重点，从多个方面提出发展金融创新运营示范区，进而促进京津冀一体化协同发展前行，为实现中心城市核心功能联动及金融开放提供检验性对策建议。

第二章　金融创新运营示范区的内涵和环境分析

2008 年国际金融危机后，全球经济回暖之路异常曲折，危机对世界供给与需求的影响持续了相当长的时间，美国更是如此。在经济衰退过后，欧美发达国家的政府预算压力增大，就业前景不景气。为提振本国经济，继续抢夺全球市场，借以获得国际规则制定话语权，欧美发达国家开始注重储蓄的累积，提高出口总量，活跃外贸市场。在发达国家发展减缓的背景下，新兴市场经济体表现出了强劲的发展势头。虽然在全球经济不景气的大环境下，中国经济尚存下行压力，但增速仍控制在适度范围内。在外部冲击和国内经济转型形势下，我国变换思路、主动作为，用"三个主动"① 及"四个准确把握"②，积极迎接全球竞争，巩固发展本国经济。

近年来，在天津市全方位深化改革、自贸区改革创新及京津冀协同发展的多重机遇叠加下，天津市金融领域迎来了良好的发展机遇。"十二五"以来，天津市金融业突出自身特色，先行先试，多项工作成效位于全国前列。当前，天津市积极落实中央条文方针，优化顶层设计，在合理分析自身优势和功能定位的基础上，提出"构建与北方经济中心和滨海新区开发开放相适应的现代金融服务体系和金融创新运营示范区"这一全新命题，这成为天津市金融发展与创新的新思路。金融创新运营示范区作为地区经济一体化发展进程中金融中心发展的特殊形式，是对传统区域协调发展学说和金融中心理论的升华。天津市具有毗邻首都北

---

① 2014 年 1 月，中央经济工作会议指出，要冷静扎实办好自己的事，以转变经济发展方式的主动、调整经济结构的主动、改革开放的主动，赢得在经济发展上的主动和国际竞争中的主动。

② 2014 年 7 月，习近平总书记提出"四个准确把握"，即准确把握改革发展稳定的平衡点，准确把握近期目标和长期发展的平衡点，准确把握改革发展的着力点，准确把握经济社会发展和改善人民生活的结合点。

京的区位优势和作为北方门户的开放条件，完全具备构建金融创新运营示范区，并与京冀共建大北方金融中心的基础和潜力。

一、金融创新运营示范区的内涵和功能分析

从研究内容来看，本书立足天津市定位要求与时代特征，重点界定金融创新运营示范区的具体内涵；阐释金融创新运营示范区的功能定位、特征与结构，明确金融创新运营示范区在京津冀协同发展、自贸区申报、多领域深化改革、服务经济体系建设中的地位和作用。

（一）金融创新运营示范区的内涵界定

金融创新运营示范区是指一个区域内在金融创新和运营服务上具备了开放兼顾交融的形态，从而发挥示范性作用的地区或城市。金融创新运营示范区的内涵中蕴含四个主要概念：金融创新、运营服务、交融开放、示范引领。

1. 金融创新的内涵

《帕尔格雷夫经济学大辞典》对"金融创新"的解释为当一个新的产品或服务被人们广泛接受用来替代或补充已有的金融工具、机构或业务流程时，就可以称之为创新性的。

立足天津市，伴随天津滨海新区金融先行先试不断向纵深推进，天津市金融改革创新在开展金融工具、市场、机构或业务流程创新，尤其是促进创新在市场中的扩散上在全国处于前列。金融创新无疑是天津市金融业的一项重要功能。

2. 运营服务的内涵

国外学者过去将提供服务的活动称为"运营"（Operation），而将与工厂联系在一起的有形产品生产称为"生产"（Production）或"制造"（Manufacturing）。近年来，伴随着新工业革命的爆发，现代制造业和生产性服务业在分工中实现各自发展并深刻地融合在一起，服务和生产两者间不再有明显的界限，于是二者均被现代国外学者称作"运营"，抑或"运营服务"。

立足天津市，随着天津滨海新区开发开放和京津冀协同发展，中国经济第三增长极使地区实体经济快速崛起，为金融运营服务提供了广阔的市场潜力；同时，天津市发挥政策与服务优势，培育国际化、便利化的营商环境、交通环境和教育环境，用"保姆式"的模式服务于金融领域公司的创新运营和投资，使结算、基金、租赁、交易为代表的一大批金融运营中心拔地而起。运营服务成为天津市金融业的又一项重要功能。

3. 交融开放的内涵

立足国内外新形势、新任务，天津市金融创新和运营服务功能建设将呈现出"交融开放"的新特征、新优势。其中，交融是指金融创新运营示范区的内外部因素相互作用，共同促进金融运营中心发展。从内部来看，金融创新提升运营能力和服务水平，运营服务确保金融创新的价值实现；从外部来看，金融创新运营示范区与京津冀协同发展、自贸区试验、服务经济体系建设相互促进。开放是指金融创新运营示范区以开放、竞争激发金融创新活力，以更高标准的开放促进京津冀与自贸区接轨。积极推进外资准入前国民待遇和负面清单管理模式，扩大金融服务等领域对外开放；扩大金融业对内开放，支持民营资本进入金融业。交融开放彰显了金融创新运营示范区建设的开创性和独特性。

4. 示范引领的内涵

根据《帕尔格雷夫经济学大辞典》关于"金融创新"的界定，金融创新重要的不是一种产品或过程（这通常是不明显）的创新，而是创新在市场中扩散，因此对于处于示范引领地位的金融创新区域而言，要在顶层设计的指导下，大胆发挥比较优势和政策优势，开展金融先行先试，为区域市场乃至全国形成可复制、可推广、可升级的金融改革创新经验。

新形势下，天津市将继续加快金融创新步伐，力争在一个较大区域内成为金融创新示范引领的枢纽城市。其中，示范引领是指凭借金融总部、业务和人才的枢纽地位，向周边市场扩散金融业务、组织、知识、标准和人才，推动京津冀乃至中国北方的金融协同发展。示范引领既是衡量天津金融改革创新能力的标准，也是新阶段天津市金融发展的目标。

综上所述，我们认为金融创新运营示范区的内涵是在国家战略指导下，集聚于天津、服务京津冀、辐射中国北方、面向海内外，呈现交融开放特征、处于示范引领地位的金融创新和运营服务枢纽。金融创新运营示范区是新形势下深化金融改革和开放的"试验场"和"对外展示窗口",必然为新一轮区域金融创新、京津冀协同发展和实现天津市功能定位注入新的动能与活力。

(二) 金融创新运营示范区的功能分析

金融创新运营示范区的功能定位可以归纳为八个字,即交互、开放、法治、升级。

1. 交互

交互是指金融创新运营示范区的内外部因素相互作用,共同促进金融创新运营示范区发展。一方面是金融创新与金融运营服务的相互作用。金融运营服务从金融创新中获得新的工具、市场、机构和流程,提升运营能力和服务水平;金融创新的价值在金融运营服务过程中得到实现。金融创新离不开政策因素和服务优势的支持①,同时,金融创新应该服务实体企业,而非一味吹大资产泡沫。另一方面是金融创新运营示范区与京津冀协同发展、自贸区试验、服务经济体系建设的相互影响。后者为金融创新运营示范区的发展提供机遇和条件,金融创新运营示范区为后者目标的实现赋予充实有力的金融内涵。

2. 开放

开放是指金融创新运营示范区的建设需要以开放、竞争激发区域金融创新活力,以更高标准的开放促进京津冀与自贸区接轨。一方面,吸收借鉴国际知名自贸区和上海自贸区经验,积极推进外资准入前国民待遇和负面清单管理模式,对境外投资项目实行备案管理。探索金融制度创新,争取设立自由贸易账户体系,推进人民币跨境使用、利率市场化、外汇管理制度改革。另一方面,扩大金融业对内开放,支持民营资本进入金融业。

---

① 《帕尔格雷夫经济学大辞典》指出,金融创新过程是由许多实际因素共同促成的,其中比较重要的有利率波动性增加、税收和管理法规频繁变动。此外,美英等国放松对金融服务业的管制及全世界投资银行竞争加剧,这些趋势也使得金融机构更加重视提供新证券。

3. 法治

法治是指金融创新运营示范区的发展需要坚持立法先行，以法治保障加快政府职能转变。一方面，探索建立与国际高标准投资和金融规则体系相适应的行政管理体系；另一方面，建立一口受理、综合审批和高效运作的服务模式，建设信息网络平台，形成协同管理的机制优势，为金融创新运营示范区建设提供完善的体制机制环境。

4. 升级

升级是指金融创新运营示范区是金融改革创新基地的继承和发展。一方面，从突出金融创新功能到突出金融创新和示范引领的复合功能，确保了金融创新的规范化、持续化和示范化发展；另一方面，从突出金融创新基地到突出金融创新运营示范区（从基地到示范区），确保金融企业投资、创新、运营所享受的服务水平，以及金融企业业务创新和运营活动所服务的市场范围不断提升。具体来看，金融创新运营示范区将在参与推进金融改革的同时，加快金融创新和示范引领能力提升，打造成为中国金融升级版的先行先试区。

二、金融创新运营示范区的必要性和开创性

下文将深入分析国内外尤其是天津市面临的新环境、新形势和新任务，阐述金融创新运营示范区建设的前瞻性、必要性和紧迫性，比较分析金融创新运营示范区与天津市现代金融服务体系和金融改革创新基地内涵的区别与联系，反映金融创新运营示范区的开创性和独特性。

（一）建设金融创新运营示范区的必要性

1. 加快京津冀金融协同发展的内在要求

党中央将推进京津冀协同发展上升为国家战略，致力于扭转京津冀一体化程度低于长三角、珠三角的状况。在金融协同发展上，京津冀经济圈的金融业需要从"独立发展"转向"联动发展"，共建拥有多个核心的复合式金融中心。发挥北京市作为金融决策、管理和信息中心的先

天优势，带动天津市以现代制造和航运物流为依托的金融创新和运营功能，建成金融创新运营示范区。同时，凭借（处于第一层次的）北京的金融决策信息中心和（处于第二层次的）天津市的金融创新运营示范区，向河北省（乃至更广阔的地区）扩展其他金融功能，最终形成多核心、多层次、多功能的北方金融中心，使其成为整合京津冀区域资源、加快一体化发展、促进新型城市群格局形成的金融枢纽。

2. 落实全国区域发展战略的客观要求

纵然是伦敦、纽约等国际金融中心，在辐射范围上也有所侧重，例如伦敦更多地服务于欧洲大陆，纽约更多地服务于北美地区。商业惯例、信息腹地、路径依赖从不同视角解释了金融中心辐射范围的有限性。2019 年，我国南方的金融中心城市在质量和数量上优于北方，根据全球金融中心指数排名，香港全球排名第 3 位，上海第 5 位，北京第 9 位，深圳第 14 位。受制于金融开放程度低、大型金融市场匮乏和区域金融合作不够，北京的金融实力并未得到全球金融业界的认同，这意味着北方企业、个人享受优质金融服务的能力降低，甚至给我国南北协调和东中西互动带来麻烦。建设金融创新运营示范区，将促进落实国家区域发展战略，加快扭转南北方金融不平衡的格局。

3. 增强区域经济竞争能力的必然要求

长三角、珠三角和京津冀是世界瞩目的经济带，也是 21 世纪超大都市群的所在。从 2013 年三个经济圈的主要指标来看，长三角、珠三角和京津冀地区生产总值占全国的比重分别为 20.8%、9.3% 和 10.9%，地区生产总值增速分别为 8.8%、9.4% 和 9%，产业结构分别为长三角 4.7∶47∶48.3、珠三角 2∶45.3∶52.7、京津冀 6.2∶42.4∶51.4。2018 年，长三角、珠三角、京津冀经济圈着力加大改革力度，区域经济保持平稳增长，着力推动高质量发展，深入实施创新驱动发展战略，加快转换新旧动能，创新跨区合作机制，加快经济协同发展。2018 年三大经济圈产业结构如表 2.1 所示。三大经济圈中，长三角、珠三角经济圈持续较快增长，增速分别为 7%、6.9%，均高于全国增速；京津冀经济圈增长 5.9%，与全国增速的差距较上年同期收窄 0.2 个百分点。三大经济圈第三产业增加值比重和加权平均增速分别为 56.1% 和 7.7%，均高于全国平均水平。其中，京津冀经济圈第三产业占比最高，为61.3%，同比提升2.7个百分点（见图2.1）。投资稳步增长，三大经济圈实现固定资产投资21.1万亿元，加权平均增长率为6.3%，较全国增速高0.4个百分点。其中，长三角经济圈固定资产投资增速同比提升0.3个百分点至7.4%，珠三角经济圈继续保持两位数增长。

表 2.1　2018 年三大经济圈产业结构　　　　　　　　单位：%

分类	长三角	珠三角	京津冀	全国
	产业结构			
第一产业	4.2	3.4	4.3	7.7
第二产业	41.8	40.9	34.4	40.3
第三产业	54.0	55.8	61.3	52.0
	增长率			
第一产业	2.1	4.3	2.7	3.5
第二产业	6.0	7.0	3.4	5.8
第三产业	8.1	6.6	7.8	7.6

资料来源：《中国区域金融运行报告（2019）》。

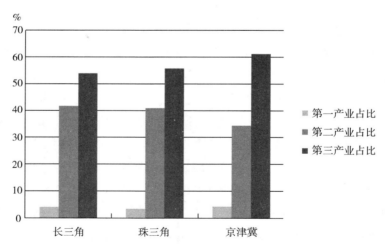

图 2.1　2018 年京津冀、长三角、珠三角地区三次产业结构占比

（资料来源：《中国区域金融运行报告（2019）》）

　　今天，城市群是国内外经济竞合的重要单元。天津市依托国家综合配套改革和自贸区建设的优势建设金融创新运营示范区，不仅可以利用政策

叠加效应吸引金融机构地区总部、运营总部聚集，而且将通过金融创新运营示范区的辐射作用，推动未来天津自贸区与京津冀接轨，带动整个地区主动实现更高标准、更加严格的开放，赢得国际、国内竞争合作的主动权。

（二）金融创新运营示范区定位的开创性

近年来，天津市以建设与我国北方经济中心相适应的现代金融服务体系和全国金融改革创新基地为目标，积极探索，不断完善金融机构体系、市场体系，加快推进金融改革发展步伐，加强金融基础设施和金融生态环境建设，金融业在服务经济社会发展中取得了重大发展。伴随着金融改革创新实践向纵深推进，天津市金融发展与改革创新的奋斗目标日益清晰，不断完善。天津市金融业定位内涵经历了"金融改革和创新、重大改革先行先试、多方面改革试验"（2006）→"建设现代金融服务体系和全国金融改革创新基地"（2008）→"建设现代金融服务体系、金融改革创新基地和金融服务区"（2012）→"建设现代金融服务体系和金融创新运营示范区中心"（2014）的深化过程。除了金融业定位内涵的持续发展，还出现了"争取重点领域突破、构建现代金融体系"（2011）、"加快（京津）金融一体化进程"（2013）等金融改革创新内涵不断丰富的过程。这对比较分析金融创新运营示范区与现代金融服务体系、全国金融改革创新基地内涵的区别和联系、反映金融创新运营示范区的开创性和独特性具有积极作用。

1. 现代金融服务体系的内涵阐释

现代金融服务体系在2004年天津市《政府工作报告》中正式出现。在十年以前，天津市的定位是致力于打造现代化金融服务系统、成为北方经济中心，为天津市金融业发展找准了方向。目前，对现代金融服务体系的基本认识大体上可归纳为以下几点。

（1）突出金融的先导地位。一个清晰且适合的定位，本身就是一种竞争优势。

（2）现代金融服务体系从区域金融发展实际出发，专为振兴天津市金融事业而量身定做，是从积聚自身后发优势做起，缩短天津市与上海、北京的金融业发展差距，促进合作竞争，实现金融赶超战略载体。

（3）现代金融服务体系以确立现代金融制度为基础，以建设现代金融体系为内核，是对金融体系原有的机构体系、市场体系及监管体系等一般构成予以"解构"，并在更高层面上进行"重构"。

（4）注重金融生态环境与金融服务质量和效率的双重提升，以高质量、高效率的优质服务打造天津市金融服务品牌。

基于上文的分析，我们将现代金融服务体系内涵把握的重点提炼为以下五个关键词语，即门类齐全、渠道通畅、结构合理、功能完善和风险可控。

所谓门类齐全，主要是针对金融机构体系，是在国内传统金融体系基础上，合理借鉴国外的金融机构分类方式，构建以商业银行为主体的多层次、多元化、开放型现代化金融组织体系，形成具有行业影响力和国际竞争力的金融机构体系（见图 2.2），为进一步实施综合经营创造可供整合的资源条件。

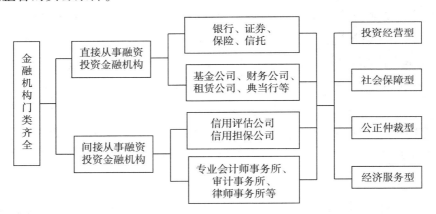

图 2.2 门类齐全的现代金融服务体系

所谓渠道通畅，主要是针对金融市场体系，是完善具有天津城市特点的要素市场、货币市场（票据市场）、资本市场，健全交易品种与运行管理规程，推动建设离岸金融市场、外汇交易市场以及期货市场（见图 2.3）。

所谓结构合理，主要是针对组成金融体系的机构与市场两大部分而言的。构建现代金融服务体系，就是要大力发展直接融资，提高直接融资比重。对于金融机构而言，结构合理还要求建立现代金融企业制度、完善公司治理，通过金融产业的结构调整，夯实金融产业发展的微观基础。

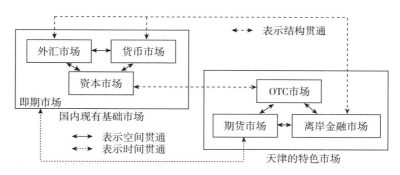

图 2.3 渠道通畅的现代金融服务体系

所谓功能完善，是在结构合理的基础上进一步强化金融功能，特别是允许有条件的金融企业，经批准在天津市进行综合经营试点，创新金融产品，提高金融机构的服务水平和国际竞争力。

风险可控贯穿于上述四个方面的整体过程，突出现代金融服务体系的风险隔离与防控，并对自身防御金融风险冲击的"免疫"功能提出了更高的要求。这种"免疫"要求政府在金融机构体系整合、金融市场体系连通、金融产品体系创新以及金融开放体系深化的整个过程中有所作为。

归纳起来，现代金融服务体系是由功能和门类齐全、充满活力的现代金融机构，层次递进、结构合理的金融市场，功能完善的金融基础设施，竞争、开放、公平、安全的金融生态环境等组成的，能够为社会经济发展提供强劲支撑力量，提供全方位、多层次、高效率、创新性金融服务的现代化综合服务体系。但是，现代金融服务体系是一个立体概念，简单的概念罗列与叠加，难以展现出其深刻内涵。我们认为，现代金融服务体系是以科学发展观为指导，以提高金融服务水平为目标，以金融市场体系建设为核心，为实现天津滨海新区金融创新而形成的一系列机制安排。现代金融服务体系注重在动态发展视角下理性看待金融服务与经济主体的有机结合，以合理的金融结构为支撑，突出金融产业集聚与空间结构的优化布局，通过金融服务价值链条的延展，实现金融产业附加值的不断上升，促进金融产业集群化，服务区域经济和谐发展。

当前，天津市已经开始为优质金融环境的营造蓄力，致力于打造国内和国外各类投资者一同加入的金融市场，领跑整个行业，增强国际竞争力与影响力，加大力度进行产品创新，使功能趋于完善，服务于总体布局设计，培养金融行业的领头意识，合理契合北方经济中心的定位，促进改革开放进程。

2. 全国金融改革创新基地的内涵阐释

《国务院关于推进天津滨海新区开发开放有关问题的意见》（国函〔2006〕20号）于2006年5月出台，标志着全国的综合化配套改革试验区落户天津的滨海新区，以此促进滨海新区金融领域的创新发展，加快改革脚步。滨海新区有权利先行先试关于金融领域的开放、市场、业务、企业的改革方案。《国务院关于天津滨海新区综合配套改革试验总体方案的批复》（国函〔2008〕26号）也在2008年3月正式出台，对于《天津滨海新区综合配套改革试验总体方案》表示批准，改革试验将主要围绕金融改革创新基地的打造、现代化金融体系的构建以及金融体制机制改革来进行。自此，建设全国金融改革创新基地的奋斗目标正式提出。依照规定，天津市可在控制风险及审慎科学的前提下，大力开展金融综合化的相关配套改革，在促进直接融资的同时，强化金融公司的服务能力，建设与北方经济中心和滨海新区开发开放相适应的现代金融服务体系，打造全国性的金融改革创新基地，从而形成开放背景下的活跃金融体制，提高服务区域经济的能力。

天津市在最近几年的时间中，充分运用先行先试的相关政策导向，大力探索外汇管理体制改革，着力建设完善的金融市场，在改革中不断取得可喜成绩，特别是建设多层次资本市场，融资租赁、基金产业、资金结算等快速发展。在改革开放新时代中，天津市在金融方面会继续围绕改革创新，致力于金融服务实体能力的提高。

一是大力启动外汇改革的试点工作。加大力度对外贸的外汇管理进行改革，扩大国外投资企业资本金意愿的结售汇试点覆盖面积。积极探索北方航运中心、离岸金融中心外汇管理政策，鼓励离岸金融业务机构开展离岸业务创新，简化流程、提高效率，扩大离岸业务规模，增强离岸金融的服务和辐射能力。持续发展针对个人客户的本外币兑换特许业务，加强该类机构的内控运营，丰富产品类别与功能，注重行商模式的使用。对于租赁行业，其短期债务指标的总量限制还需继续提高，如果资金来源捉襟见肘，可以用外汇储备补充。

二是提升保险产品及其服务理念的创新效率。支持产险公司与租赁公司及银行等达成合作，创新物流、海运、航空等项目，包括新建项目等，创新针对小微企业的保险服务及产品。支持在城市交通管理过程中积极纳入保险公司，拓展医疗责任保险以及政策性农业保险的福利面积，开发火灾公众责任保险等新型保险类别。与此同时，大病救助、大病医疗统筹及全民意外伤害保险等相关制度也需尽快优化，从整体上提升保险领域服务质量。

三是全速打造完善的产业金融体系。丰富金融发展类别，消费金融、航运金融、科技金融、商贸金融、农村金融、矿业金融等需全面推进发展，服务区域经济转型升级。扩大直接融资规模，积极发展对冲基金、物权投资基金以及股权投资基金等基金品种。同时，积极推动现货直接交易市场的发展，规划生产资料场内交易的组织以及后续物流配送，并兼顾场外交易市场，将股权报价转让等提供给非上市公司。

3. 金融创新运营示范区的开创性与独特性

构建与北方经济中心和滨海新区开发开放相适应的现代金融服务体系和金融创新运营示范区，是对建设现代金融服务体系和全国金融改革创新基地目标的继承、深化和发展。金融创新运营示范区的正式提出，在当前天津市机遇叠加、政策叠加背景下，对于进一步推动金融业率先示范发展具有重要意义。

从现实背景来看，党的十八大以来，中央将推进京津冀协同发展上升为国家战略，力图扭转京津冀一体化程度低于长三角、珠三角的局面。在金融协同发展上，京津冀经济圈的金融业需要从"独立发展"转向"联动发展"，共建北方金融中心。

天津市在实现金融业定位的过程中，绝不能忽略北京作为大型金融机构和跨国公司总部、金融监管机构总部且高科技企业（中关村）云集，进而作为全国金融决策管理中心、信息交流中心、调控结算中心和科技金融中心的既有优势地位和重要作用。同样，北京也不能忽视天津作为北方经济中心、现代制造中心、国际航运中心和北方开放门户（自贸区试验）的巨大潜力，独自建设金融中心。这不仅与中央的顶层设计相悖，而且无法充分享受天津自贸区的改革红利以及天津毗邻首都、交通便利、载体充裕的区域优势，最终不利于京津冀金融一体化发展，加剧南北方金融中心在分布上的不平衡。建设北方金融中心，应立足京津冀乃至北方经济发展以及扩大开放的诉求，利用各地区之间的比较优势进行互相弥补，从而将资源效应发挥到最大化，切实实现京津冀三地金融的联动发展。北京作为首都，具备资金、人才、信息等多方面的基础优势，可作为决策管理核心，促进天津以航运物流与现代制造为特色的金融创新和运营，逐步将金融创新运营示范区发展起来；同时，不断向河北省（乃至整个北方）扩展金融功能，最终形成多核心、多层次的北方金融中心。

在功能定位上，北京处于北方金融中心的第一层次，是区域内金融管理的"大脑"，协调资金的配置、信息交流及清算。天津作为第二层次，作为现代制造中心、国际航运中心和全国金融改革创新基地，其金融功能应偏重于金融制度改革试点、金融营运或操作层次，强调金融创新和金融资源的优化配置。考虑到目前天津金融业仍然面临金融机构总部较少、层级较低、产品创新能力弱等制约因素，金融创新运营示范区中心将作为天津金融业长期的奋斗目标，并力争利用 15~20 年的时间逐渐实现这一全新定位。现阶段的着力点在于加快金融创新运营示范区建设，利用叠加机遇，探索京津冀金融合作、自贸区金融制度创新，继续深化综合配套改革试验项下的金融先行先试，促进京津冀尤其是京津双城金融基础设施、信息、人才等的对接、交流和引进，促进金融创新经验的可复制、可推广和可升级，以此促进北方产业经济和国际贸易发展，提升京津冀大市场的一体化水平。

三、金融创新运营示范区的现实环境和制约因素

近年来，天津市积极学习落实习近平总书记的相关重要讲话，在认

识与思考问题的过程中将天津市置于国家全局，剖析天津市各发展阶段的形态特点，并与北京市、河北省积极交流，将未来较长时期的天津市金融发展定位于构建与北方经济中心和滨海新区开发开放相适应的现代金融服务体系和金融创新运营示范区。回望近代历史，天津之所以能成为中国北方的金融中心，主要在于两个方面的优势：一是区位优势，二是开放格局。如今，历史上促进天津市金融业崛起的基本因素依然存在。2006 年滨海新区开发开放以来，天津市的政策优势和比较优势逐步显现，经济实力快速提升，人均地区生产总值连续保持全国第一，其中，金融改革创新成效显著，在我国区域金融发展和金融制度创新等领域发挥了引领示范作用。党的十八大以来，京津冀协同发展、自贸区试验和多领域深化改革等国家战略的实施，为天津市建设金融创新运营示范区创造了重大机遇。必须看到，面对新形势、新要求，天津市在金融创新运营示范区建设过程中还可能存在一些不适应、不协调的问题，需要加以重视和应对。

（一）金融创新运营示范区建设的战略叠加

天津市迎来京津冀协同发展、自贸区试验、多领域深化改革等战略性机遇。中央的一系列重大部署，为天津市全面实现城市功能定位、实现金融创新运营示范区目标定位创造了千载难逢的机遇和条件。

1. 中央政府战略部署

（1）京津冀协同发展的重大机遇。近年来，京津冀交流合作频繁，围绕协同发展形成了多个合作发展协议。国家"十二五"规划提出，推进京津冀区域经济一体化发展，打造首都经济圈。但是，与我国的长三角、珠三角等区域相比，京津冀区域合作仍有较大的潜力可以挖掘。党中央从国家战略高度出发，提出京津冀协同发展的重大战略。2013 年 5 月，习近平总书记在天津市考察时指出，要积极推进京津冀区域合作，谱写新世纪社会主义现代化的"双城记"。2013 年 8 月，习近平总书记主持研究河北发展问题，强调指出要推动京津冀协同发展。2014 年 2 月 26 日，习近平总书记在北京专题听取京津冀协同发展工作汇报时，强调要着力加强对协同发展的推动，自觉打破自家"一亩三分地"的思维定式，抱成团朝着顶层设计的目标一起做，充分发挥环渤海地区经济合作发展协调机制的作用。

从现实条件来看，京津冀不仅具有特殊、密切的历史渊源，而且在社会经济发展方面具有梯次性、互补性和共生性的特征，这就为合理配置要素、纠正市场失灵、实现区域协同发展创造了基础。从梯次性来看，参照世界银行（Word Bank）对国家收入分组的标准，京津两地人均收入水平已达富裕国家水平，而河北省尚处于中等收入国家水平。2013 年北京市第三产业比重达 76.9%，而天津市和河北省分别为 48.1% 和 35.5%，经济社会发展存在一定差距，梯次性为推动产业有序转移、实现三地互利共赢提供了前提条件。从互补性来看，京津冀要素禀赋不同，北京市教育、科技和文化资源丰富，天津市具有航运、物流和制造业优势，河北省拥有劳动力、土地等成本优势。加强京津冀合作将促进有效互补，突破资源环境瓶颈，实现区域共同发展。从共生性来看，京津冀地区之间存在相互依赖的特性。目前，空气质量下降、水资源日益短缺，需要三地共同面对、合力解决。这就需要各地打破界限，互助合作，通力发展。

（2）自贸区试验的崭新机遇。2007 年 12 月，天津东疆保税港区一期封关后，天津就将建设自由贸易港作为未来发展方向，并提上重要的议事日程。2008 年 3 月，国务院批复的《天津滨海新区综合配套改革试验总体方案》明确表示，坐落在天津的东疆保税港区应该在时机成熟时积极探索建立自由贸易港，这也是天津自贸区持续发展的全新途径。2011 年国务院批复的《天津北方国际航运中心核心功能区建设方案》也提到了天津东疆保税港区进行自贸区改革探索的目标。2012 年天津市委在十届二次会议上明确了自贸区发展的重要性和紧迫性，2013 年初将促进滨海新区进一步开放发展纳入十大工作重点，更是确立了自贸区在天津市 2013 年发展中的重点地位。

党的十八届三中全会通过的《中共中央关于全面深化改革若干重大问题的决定》明确提出在推进现有试点基础上，选择若干具备条件的地方发展自由贸易园（港）区。建立天津自贸区，是落实上述要求的一项重大举措。商务部在 2013 年 6 月收到了批转自国务院办公厅的相关请示，即天津自贸区的建设。2013 年 12 月 27 日，李克强总理在天津听取建设自贸区的有关汇报后表示，天津市具备探索促进投资和服务贸易便利化的条件。天津自贸区最终在 2014 年下半年得到了来自国务院相关部委的批准。

自贸区建设必须满足几点要求：一是海陆空交通枢纽的成立，这要求具备一定的经验，特别是在保税区方面，主要是配送和物流要达到一定水平，提升金融服务效率；二是将辐射效应提高，使整个环渤海地区的经济总额能够突破 6 万亿元大关；三是各地方政府的软实力，即是否具备魄力与远见，有明确的规划蓝图，并伴有足够的技术与人才支持。以这些要求为考量标准，天津是合乎资质的。

2014 年 12 月 12 日，国务院决定设立包括天津自贸区在内的三个自贸区。天津自贸区包括滨海新区中心商务区、天津机场、天津港片区三个子片区。现如今，天津自贸区总共面积达 119.9 平方公里，三个子片区各自的面积分别是 46.8 平方公里、43.1 平方公里和 30 平方公里。东疆港保税区是天津港片区的核心部分，地处天津港的东北部，是人工填海形成的半岛型港区，三面朝海。细分来看，有占地 4.4 平方公里的物流加工区、5.6 平方公里的码头作业区以及 20 平方公里的配套服务区。其中，港区中部是物流加工区，主要凭借港口地理优势进行外贸领域的采购、加工、换装、分拨、配送等服务，并依靠现代化的大型海铁换装中心提高集装箱海铁联运的工作效率；港区西部是码头作业区，能够提供 24 小时的集装箱船舶接卸服务，且设施完善、先进；港区东部则是配套服务区，主要是针对港区的游客以及内部工作人员设立一些生活办公、休闲娱乐的设施和服务。2012 年，区内 10 平方公里的封关运作得以完成。现今，金融服务、商务贸易、港口航运、休闲旅游、物流加工五大职能集中在港区内。依照国家对天津市的规划与定位，东疆港主要施行了股权比例等门槛条件的国际船舶登记制度，以及免征保险、仓储、航运、物流等领域的营业税或退税的制度。此外，租赁业务与航运金融试点的制度也在倾力打造。现如今港区内拥有主导性质的八大产业，囊括高端物流、航运金融、对外贸易、租赁、国际结算、航运产业、文化创意、国际商品展示等领域。其中，租赁行业是做得最为出色也是优势最为明显的，现已形成"东疆租赁模式"。

天津机场这一片区的核心成分为天津空港经济区。这也是天津保税区的重要组成部分之一，其特色在于"一城三园"（现代化新城、现代物流园、研发科技园、高新工业园）的模式。其中，"一城"涵盖总部基地、公建住宅和大型商业三个部分；现代物流园主要是发展空港地区的物流经济，其依托对象是滨海国际机场、滨海新区保税区及空港保税区；而研发科技园则是要将服务以及光电、生物、电信产业进行外包；高新工业园则是主要以高新制造业、新材料、新能源及民用航空等行业为重点发展对象。近年来，中航直升机、空中客车产业已成为天津空港经济区的两大支柱，此外还有庞大的高新制造产业集群，如以东软、中兴为首的信息科技产业，包括阿尔斯通、卡特匹勒在内的装备制造业。在航空航天领域尤为明显，这几年通过积极引入龙头项目、重要的高水准项目以及其他高端产业链的相关配套项目，天津的航空航天领域实现了质的飞跃，总装制造已经成为产业支柱，此外还有航空物流、零部件制造、维修服务、研发设计等配套产业链条支持，形成了结构优化的完整体系。当然，在临港加工、新能源与新材料、生物医药、文化创意、总部金融、国际物流等方面同样有良好表现。通过科技研发区第二期建设以及金融商务区项目的开展，研发办公和总部经济等在未来将拥有更好的一体化发展前景。

2007年，滨海新区中心商务区正式投入建设，包括蓝鲸岛、天碱商业区、响螺湾商务区、大沽宜居生活区、于家堡金融区，其中的核心是占地3.2平方公里的响螺湾商务区和占地3.86平方公里的于家堡金融区。中心商务区在《滨海新区中心商务区分区规划（2010—2020年）》得到政府的正式批复后，将发展的注意力放在了科技研发、高端商业、国际金融、生态居住、现代商务、河海文化以及中介服务上，以充分将资源集聚及地理优势发挥出来，致力于打造高品质的生态宜居地区和金融创新运营示范区，形成滨海新区的政治、文化和商业经济中心。其中，于家堡作为金融创新与改革发展的新高地，具有国内外领先、现代化、功能健全、服务高效的特点。响螺湾商务区集央企及外省企业在天津驻点的总部或分支机构及研发中心于一体，因此才有"京津地区第二大金融街"的美誉。中心商务区则主要建设基础设施、配套设施以及房屋等。如今，中心商务区已经在金融、跨境电商、总部经济、互联网科技、对外贸易及文化等方面斩获了很好的成果。中心商务区运行在天津自贸区的外围，有利于促进金融服务中心、改革创新示范区、现代化金融业聚集区的形成，对全球各地的资管、证券、租赁、保险、基金、信托、银行、期货、财务等领域的机构总部形成一股吸引力，同时纳入信用评级、咨询、保险经纪、资产评估等中介机构，注重全球金融机构各类清算中心、后台、数据中心、研发中心的发展，大力支持航运金融、科技金融等定向专业领域。

天津市作为我国北方最大的沿海开放城市，拥有历史悠久的贸易传统和坚实的政策基础，天津港又是我国北方最大的综合性港口，中国北方贸易中 80% 以上的集装箱业务均需要通过天津港完成。另外，作为京津冀协同发展的交会点和环渤海大湾区的经济重镇，设立天津自贸区无疑是发挥"天津作用"的"压舱石"和"强心剂"。

自贸区不是人们普遍认为的保税区与开发区的升级组合。它是当今贸易自由化背景下创新出来的制度模式，是能够与国际有效接轨的。其"转变政府职能、实行负面清单"的特殊制度设计，理论上必将为区域经济增长提供全新动力。现有研究认为，自贸区至少会通过三种渠道为区域经济增长注入驱动力。第一，从贸易红利角度来看，谭娜（2015）以上海自贸区为研究样本，利用反事实的合成控制法，最先对中国自贸区的经济增长效应进行研究。研究结论表明，上海自贸区的挂牌运行提升了进出口总额增长的经济增长效应。这一研究结论佐证了贸易自由化程度促进经济增长的论断，在肯定了上海自贸区建设效果的同时，也掀起了利用反事实的方法研究自贸区问题的热潮。随后，项后军等（2016）、王利辉（2017）、刘秉镰（2018）等学者利用不同的政策评估方法得出了一致的结论，即自贸区的设立在促进地区进出口总额增长的经济增长效应方面发挥了显著的正向作用。第二，从投资红利角度出发，贸易自由化的背后是跨境资本的大规模流动，这给自贸区主体的投融资（FDI 与 ODI）也带来了巨大便利（项后军等，2016）。现有研究认为，自贸区的设立无论是对国际资本"引进来"还是对国内资本"走出去"

均产生了显著的正面效应（韩瑞栋等，2019），有力地促进了自贸区资本的双向流动。流入资本可以改善地区资产的形成质量，提高资金利用率，而对外直接投资的增加也可以鼓励自贸区企业主体积极参与国际投融资，提高资金配置效率和水平，从而促进区域经济的发展。第三，从要素集聚红利视角出发，自贸区通过对接高标准投资贸易规则、转变政府职能、实行负面清单等一系列特殊制度设计，为生产要素的高效配置提供了制度基础（陈琪等，2014）。这一制度红利的释放，打破了原有僵化的行政管理体制和利益分配格局，使高端人才、优质资本和管理经验等生产要素重新在自贸区内聚集，进而使自贸区发挥高端产业集群效应，而产业结构的优化升级又为自贸区所在区域的经济增长提供了重要驱动力（黎绍凯等，2019；聂飞，2019）。

综合已有文献，自贸区驱动区域经济增长的动力机制至少包含三个方面。一是贸易效应带来的经济增长，也就是通过促进所在区域的进出口，为区域经济增长提供动力。二是投资便利化产生的资本效应，包括资本的双向流动，即自贸区设立这一政策冲击，刺激所在区域的外商直接投资、对外直接投资以及全社会固定资产投资等，进而为区域经济增长提供资金驱动。三是高端产业集群效应，"转变政府职能，实行负面清单"这一制度设计使政府真正成为市场的"守夜人"，能最大限度地减少行政干预市场过程中产生的寻租等问题，进而形成吸引要素流动的巨大向心力。优质生产要素的高效配置，促使高端产业加速向自贸区集聚，从而为区域经济增长提供新动能。

结合天津自贸区建设实际，三大片区功能定位分别对应以上三种动力机制，即物流、航运和仓储的职能基本都由东疆保税港区负责，属于贸易效应；空港保税区的主要任务是发展先进制造业，属于高端产业集群效应；而滨海新区中心商务区着眼于提供金融与商业服务，这一功能对应资本效应。

（3）综合改革创新区的重大机遇。2006年5月，国务院发布《关于推进天津滨海新区开发开放有关问题的意见》，指出要鼓励天津滨海新区进行金融改革和创新。按照该意见的精神，天津市制定了一系列金融业及其配套产业的改革创新战略，促进天津市金融业的跨越式发展。

2009 年国务院批复《天津滨海新区综合配套改革试验金融创新专项方案》，明确加快天津滨海新区金融先行先试步伐，努力建设与北方经济中心相适应的现代金融体系和全国金融改革创新基地。2013 年 12 月，李克强总理在天津市视察时，提出在天津市建立我国第一个政策优于上海自贸区并富有天津特色的综合改革创新区。2013 年中共天津市委十届四次全会提出，要大力推进投资与服务贸易便利化，加快投资、贸易、金融、监管等领域的制度创新，建立贸易自由、投资便利、金融服务完善、高端产业聚集、法制运行规范、监管透明高效、辐射带动效应明显的综合改革创新区。立足天津的金融创新和运营中心功能，2014 年 5 月，天津加快现代服务业发展工作会议前瞻性地提出了"构建与北方经济中心和滨海新区开发开放相适应的现代金融服务体系和金融创新运营示范区"的思路。2014 年 7 月，中共天津市委十届五次全会提出，按照中央统一部署，积极参与顶层设计，完善天津市功能定位，突出北方经济中心等功能。

2. 天津市委、市政府部署

（1）加快现代服务业发展。2013 年 5 月，习近平总书记在天津视察时指出，要加快步伐，促进服务业的快速发展，使服务体系能够与现代化大都市的定位相契合。为推动现代服务业实现跨越式发展，天津出台了《关于加快现代服务业发展的若干意见》，其中列出了多项目标，比如到 2020 年，天津要拥有高于 55% 的服务业比例和 58% 的从业人员比例，提高区域的辐射带动功能，切实成为北方经济中心。

（2）完善天津市功能定位。中共天津市委十届五次全会于 2014 年 7 月召开，会议明确，在积极落实党中央决策部署下，天津需要进一步加强顶层设计，使其职能与定位更加明确、更符合当下道路，同时坚持我国金融创新运营示范区的功能定位，重点发挥天津作为北方经济中心、国际航运中心、现代制造中心的作用。

（二）金融创新运营示范区建设的政策重叠

自天津滨海新区纳入国家战略以来，中央政府及各部委出台一系列改革措施和优惠政策，支持天津金融改革创新。京津冀协同发展、综合改革创新区建设、自贸区试验等重大利好形成政策叠加、机遇叠加的综合效应，为新阶段天津金融创新运营示范区建设释放了巨大的改革和政策红利。

1. 中央政府政策

2006年7月，《国务院关于天津市城市总体规划的批复》（国函〔2006〕62号）同意天津市以北方经济中心为基础，日益打造成环境优美、科教发达、经济繁荣、设施完善、社会文明的世界级港口城市与生态城市。金融创新运营示范区职能的最终实现，正是依靠中央将天津定位为北方经济中心的决策。

2008年3月，《国务院关于天津滨海新区综合配套改革试验总体方案的批复》（国函〔2008〕26号）出台，原则同意《天津滨海新区综合配套改革试验总体方案》，将"深化金融体制改革，建设现代金融服务体系和全国金融改革创新基地"作为综合配套改革试验的主要任务之一。

2009年9月，在国务院的许可下，国家发改委正式批复《天津滨海新区综合配套改革试验金融创新专项方案》，明确表示金融创新与金融体制改革在天津应加速落实跟进，建设的金融体系要能有效契合北方经济中心的定位，大力推进改革创新。

2011年5月，《国务院关于天津北方国际航运中心核心功能区建设方案的批复》出台，允许天津东疆保税港区试点租赁、船舶登记制度、离岸金融、国际航运税收等业务，努力探索建设自由贸易港，加快建设北方国际航运中心和国际物流中心。

2013年5月，习近平总书记在天津市考察时指出，要积极推进京津冀区域合作，谱写新世纪社会主义现代化的"双城记"。

2013年9月，经国务院许可，《天津海洋经济科学发展示范区规划》由国家发展改革委发布，《天津海洋经济发展试点工作方案》得以通过，明确了天津加快步伐发展航运金融和海洋金融的决心。

2013年12月，李克强总理在天津视察时，提出将天津建成我国第一个政策优于上海自贸区并富有天津特色的综合改革创新区，而且面积扩至整个滨海新区。

2014 年 12 月，天津自贸区正式获批成立。天津自贸区把金融制度改革的加速推动作为重要任务。

2. 各部委政策

2006 年 9 月，国家外汇管理局发布《关于天津滨海新区外汇管理政策的批复》，其中共有七个条文涉及外汇管理体制改革，有效鼓励滨海新区高效推进试点外汇管理体制改革的工作。

2007 年 11 月，中国保监会与天津市政府联合发布《关于加快天津滨海新区保险改革试验区创新发展的意见》，天津滨海新区的保险改革创新得到大力支持。

2008 年 5 月，国家发展改革委发布《关于在天津滨海新区先行先试股权投资基金有关政策问题的复函》，主要是为了对创业投资与股权投资两种基金的创新进行鼓励。

2009 年 7 月，中国银监会出台《消费金融公司试点管理办法》，鼓励消费金融公司试点天津等四个省市。

2009 年 11 月，国家发改委出台《关于船舶产业投资基金组建方案的批复》，支持在天津开设船舶产业投资基金。

2009 年 12 月，国家外汇管理局出台《关于天津市中新天津生态城外商投资企业外汇资本金结汇管理改革试点的批复》，对资本金结汇管理制度进行改革，由"意愿结汇"替代"支付结汇"。

2010 年 1 月，中国银监会发布《关于金融租赁公司在境内保税地区设立项目公司开展融资租赁业务有关问题的通知》，对金融租赁公司开展业务的范围进行明确，鼓励其在境内保税区对单机公司和单船公司进行创设。

2010 年 2 月，国家外汇管理局出台《关于在天津市开展个人本外币兑换特许业务试点的批复》，对在天津试点的个人本外币兑换特许业务予以许可，并批准天津渤海通汇商务咨询有限公司进行该项业务的经营。

2010 年 3 月，国家税务总局、海关总署和财政部联合出台《关于在天津市开展融资租赁船舶出口退税试点的通知》，目的是对融资租赁企业面向境外企业转移所有权的融资租赁船舶出口业务进行鼓励，一年的出口退税试点将于天津展开。

2010 年 4 月，国家外汇管理局出台《关于实施进口付汇核销制度改革试点有关问题的通知》，进口付汇核销制度将从 2010 年 5 月开始由江苏、天津等七个省市进行试点工作。

2011 年 8 月，国家税务总局和财政部发布《关于天津北方国际航运中心核心功能区营业税政策的通知》，主要是针对保险企业，当它们在天津开展全球航运保险时可以免征相关收入的税收。

2012 年 12 月，国家税务总局和财政部颁布《关于交通运输业和部分现代服务业营业税改征增值税试点应税服务范围等若干税收政策的补充通知》，明确了即征即退在增值税上的应用，天津市东疆保税港区境内注册的试点纳税人开展相应的搬运装卸、仓储以及货物运输时享受该政策。

（三）建设金融创新运营示范区的现实基础

近年来，天津以建设与北方经济中心和滨海新区开发开放相适应的现代金融服务体系和全国金融改革创新基地为己任，加快推进金融先行先试，金融创新和运营服务功能显著提升，为天津建设金融创新运营示范区、形成与现代化大都市相适应的现代服务体系奠定了扎实的基础。

1. 金融改革创新突出，引领区域金融发展

近年来，天津积极发挥金融先行先试的政策优势和深化改革创新的服务优势，在产业金融发展、金融市场建设、金融国际化等方面开展有益探索，多项工作在我国保持前列。

（1）金融先行先试立足于先。中国第一只契约型人民币产业投资基金在天津试水，第一只船舶产业投资基金在天津成立，全球首家铁合金交易所在天津开业，中国第一家股权投资基金协会在天津成立，中国第一单单机租赁业务在东疆保税港区成交，全国第一笔外汇资本金意愿结汇业务在中国银行天津滨海分行办理成功……天津以政策优势和服务优势，培育金融创新发展的适宜土壤。

（2）产业金融取得优异成绩。天津高度重视金融与产业的联动发展，为区域先进制造、航运物流等高端产业提供创新型金融服务。第一，截至 2013 年末，总部在天津的各类融资租赁公司达 206 家，约占全国的

20.1%；租赁合同余额达 5750 亿元，约占全国的 27.4%，同比增长 55.4%。第二，2013 年末，在天津注册的金融租赁公司达 5 家，占全国金融租赁企业总数的 21.7%。第三，以渤海产业投资基金和船舶产业投资基金为代表的产业投资基金、创业投资基金、物权投资基金和对冲基金等私募基金企业已经形成了完整的私募基金产业链，天津成为国内基金业最密集的城市之一。

（3）创新型市场建设发展显著。第一，在我国率先建立排放权交易市场和股权交易所，设立渤海商品交易所、铁合金交易所、贵金属交易所、金融资产交易所和矿业权交易所等资本要素市场，引领我国区域性金融要素市场建设。以天津股权交易所为例，截至 2013 年末，天津股权交易所累计挂牌企业 412 家，挂牌企业覆盖 29 个省市，总市值为 347.2 亿元，市场累计融资 63.3 亿元。截至 2013 年末，山东、湖南、浙江、江苏等 13 个省市出台政策，鼓励支持本地企业到天津股权交易所挂牌。第二，2014 年 6 月，天津成功举办第八届中国企业国际融资洽谈会，此次融洽会意向融资额达 352 亿元，前八届融洽会累计达成意向融资额 1202 亿元。第三，积极参与新三板建设。截至 2014 年 9 月 11 日，天津滨海已有 23 家企业在新三板挂牌，挂牌公司数居第 4 位，仅低于中关村（276 家）、上海张江（57 家）、武汉东湖（55 家）。

（4）金融国际化取得新进展。第一，自 2010 年 6 月试点至 2013 年末，天津市银行累计办理跨境人民币结算业务 2427.4 亿元。2013 年，全市办理的跨境人民币结算业务突破千亿元，达 1272.1 亿元，同比增长 1.01 倍，占同期银行代客国际收支结算量的 11.5%，人民币成为仅次于美元的第二大跨境收付货币。第二，2013 年末，外资银行机构达 26 个，比 2012 年增加 3 个。第三，中新生态城和东疆保税港区外商投资企业资本金结汇改革试点取得阶段性成果。第四，作为全国唯一一个允许融资租赁货物出口退税的试点地区，东疆保税港区将融资租赁作为推动外贸转型升级的重要途径。继 2012 年末天津以融资租赁方式实现外贸出口 18 亿美元、实现租赁外贸零突破后，2014 年 1~4 月，天津以融资租赁方式带动飞机进口，实现进口 27.5 亿美元，对全市进口增长的贡献率达 38%。第五，天津作为商业保理试点城市，2013 年累计注册设立商业保理机构96家，比2012年增加了47家，成为我国保理机构最为集中的城市之一。第六，天津渤海通汇货币兑换有限公司获准成为我国首家全资质的机构。

2. 金融运营能力增强，金融"质""量"双双提升

伴随天津实体经济持续较快发展，天津成为国内发展较快的金融集聚服务区，大量金融机构的全国性、区域性总部或分支机构落户天津，金融运营服务能力增强，金融规模持续扩张，金融效益稳步提升。

（1）金融运营服务能力增强。第一，截至2013年末，天津境内包括财务公司、城商行、股份制银行、金融租赁公司、信托公司在内的法人金融机构总数达32家。第二，投资咨询公司、证券公司、期货公司证券营业部、期货营业部、证券信用评级公司、基金管理公司总数达147家。第三，共有149家专业的中介机构加上保险公司。天津金融机构已经形成涵盖期货、保险、金融租赁、证券、财务、银行、信托基金等业态的全面的体系。

（2）金融规模持续扩张。第一，2013年末，全市银行业本外币存款余额为2.3万亿元，比2006年末增长了2.4倍，7年平均增速为19.2%；贷款余额为2.1万亿元，比2006年末增长2.9倍，年均增长21.2%。第二，2013年天津金融市场交易总量为2.6万亿元，比2006年增长5.4倍；保费收入为276.8亿元，比2006年增长1.63倍。第三，2013年天津社会融资规模达4910亿元，比2010年增加697亿元，3年平均增速为5.2%。

（3）金融效益稳步提升。第一，截至2013年末，天津境内银行类机构已经拥有4.1万亿元的资产总额，比2006年增长了4.1倍。第二，不良贷款率为0.6%，比2006年末减少了4.63个百分点。第三，金融领域助推经济增长的能力得到强化，以2013年为例，金融业增加值占地区生产总值的比重达8.4%，占第三产业增加值的比重达17.4%，分别比2006年提高4.1个、6.7个百分点。

3. 金融生态环境优化，金融体系保持稳健

2013年，天津市多措并举，全面推进金融生态环境建设，社会信用体系、金融制度环境、金融管理体制建设取得了积极进展，为守住不发生系统性风险的底线奠定了坚实基础。

（1）征信基础设施建设日趋完善。第一，2013年末，全国金融信用信息基础数据库共收录天津市22万户企业和940万自然人的信用信息，成为金融机构信贷决策的重要信息支撑。第二，建立银行重点客户信贷信息监测系统，实现了对银行重点客户贷款"借、用、管、还"的动态监测。第三，20家小额贷款公司和融资性担保公司首批获准接入金融信用信息基础数据库。信用服务市场得到发展。全市106家融资担保机构开展信用评级，其信用等级成为监管部门实施差别化管理和金融机构与其开展不同层级合作的重要参考。

（2）金融政策法规的总体环境质量得到持续提升。第一，天津市政府和其他相关部门一同发布了若干政策，支持当地金融机构的发展，并设计了改革总方案和发展总规划的蓝图。第二，启动了"农村金融服务站"项目建设，在固定场所为农民提供小额金融业务的新型支农金融服务，填补了农村金融服务的空白点。目前已建设金融服务站800余个，有效改善了天津市农村地区基础金融服务。第三，天津推动动产权属统一登记先行先试工作取得阶段性成果，《天津市动产权属登记公示查询办法（试行）》获批实行，这标志着天津实行动产权属统一登记取得突破性进展，对全国具有示范效应。

（3）金融管理体制持续优化。第一，各金融监管机构建立了稳定的信息交流、共享机制，在防止和协同解决金融监管中的盲点、防范和化解交叉性金融业务风险等方面进行了积极探索。第二，金融监管机构与地方有关部门加强工作联系，建立了金融稳定工作协调机制和反洗钱工作协调机制，及时查处金融违规行为，确保金融稳定。第三，银行机构内控管理和业务流程改革不断深化，促进了风险、资本、收益的相互匹配和动态平衡。

4. 金融改革创新"十二五"规划完成良好

（1）金融机构体系日益完善。"十二五"以来，天津加快推进本市法人金融机构增资扩股，完善企业法人治理结构，加快分支机构建设，引进多元化的新金融业态，形成以银行、保险、证券、期货、信托为主体，金融租赁、财务公司、基金公司、消费金融公司、货币经纪公司等为补充的较完备的金融机构体系。截至 2014 年末，具备持牌资格的天津境内金融法人机构总数共有 56 家之多，这种具备金融全牌照的城市在全国范围来讲也是凤毛麟角。

（2）金融改革创新位于前列。机构创新方面，全国第一批、天津首家民营银行，全国首家民营金融租赁公司，天津首个金融资产管理公司获批筹建。业务创新方面，发行全国首单小城镇私募债券、全国首只资本市场公开交易的资产证券化产品，工银租赁完成国内首笔运用国外担保的飞机租赁业务，天弘基金与阿里巴巴合作创新货币基金销售方式。制度创新方面，外商投资企业资本金意愿结汇试点扩大到整个滨海新区，中新生态城获准开展跨境人民币创新业务试点，人民银行征信中心在天津市建立并运行服务全国的动产融资及应收账款流转统一登记查询平台。

（3）金融深化服务实体经济。推动金融服务多元化、便利化、综合化，加快发展以科技金融、航运金融、商贸金融、小微金融、农村金融、消费金融等为核心的产业金融服务体系。第一，增强直接融资功能。2018 年，天津市新增境内外上市和新三板挂牌企业 18 家，累计达到 259 家。第二，融资租赁快速发展。2018 年，天津融资租赁法人机构数达到 2008 家，融资租赁资产总额占全国的 25%。第三，普惠金融稳健发展。2018 年，天津市小额贷款公司数达到 95 家。

（4）不断优化金融发展环境。出台金融改革创新重点工作方案，组织实施金融改革创新重点工作，制定出台金融配套支持政策。健全金融安全防范机制，构建立体化、网络化的金融风险防范体系。加快金融人才集聚和培养的步伐。

（四）金融创新运营示范区建设差距与瓶颈

面对京津冀协同发展、自贸区金融试验和多领域深化改革等新形势、新要求，天津市在推动金融改革创新、建设金融创新运营示范区过程中还有若干不适应、不协调的问题。

1. 总体差距和瓶颈

第一，金融发展的思想观念需要不断解放。在推动金融创新运营示范区建设过程中，视野还不够开阔，习惯于旧的方法和现有经验，主动创新、追逐金融业发展前沿的意识不够。第二，金融业总体规模仍然偏小，金融资金支持能力与经济社会发展的内生性金融需求不相匹配，对经济增长特别是经济结构升级的支撑作用不强。第三，金融机构门类齐全优势和综合集成效应没有得到有效发挥，没有形成金融服务和产品的组合叠加效应。第四，受制于金融机构总部的相对不足，金融创新尤其是原始创新的能力不足。第五，金融业发展的基础设施和政策环境仍需进一步优化，支持促进金融业发展的体制机制不够完善，金融风险运行监测和防范金融风险的联动机制仍需强化。从某种意义上说，差距就是潜力，不足预示着方向。在金融创新运营示范区建设过程中，需要在协同联动中把短板补齐，在主动服务中求得金融创新和金融运营核心功能的快速提升，实现天津金融业的科学、示范和持续发展。

2. 当前的主要问题

从当前整个行业的运营状况看，天津金融业面临着经济增速下调、隐性风险显性化的短期挑战和金融体系形态更高级、结构更复杂、分工更细化下平衡效率与监管的难题。

第一，金融资产规模和质量有所调整。"机构分化，资产调整"成为天津金融机构在 2018 年整体发展的主要特征。2018 年，不良贷款率达到 2.6%，较 2017 年增加 0.63 个百分点；2018 年，法人证券公司资产总额高达 489.84 亿元，比 2017 年减少了 64.61 亿元；2018 年，保险业资产规模总体实现了增长，财产险公司资产下降。其中，财产险公司资产总额达 124.3 亿元，同比下降 12%。2018 年，法人基金管理公司管理资产总额减少至 13420.65 亿元，比 2017 年减少了 4472.3 亿元。

第二，缺乏辐射全国的大型金融市场。目前，中国的大型金融市场主要位于上海、深圳和北京，大连和郑州则占据两个大型期货交易所。根据 2018 年 3 月第 23 期 GFCI 排名，上海居第 6 位，北京居第 11 位，深圳居第 18 位，天津居第 63 位。其中，深圳依托前海国家金融开放平台，树立了香港国际金融中心近邻和最好合作伙伴的形象，获得了国际金融界的高度认可。上海依托中国内地首个自贸区的建立，强化其在金融市场国际化和集聚化方面的优势。北京是内地大型金融机构、跨国公司总部、金融监管部门、高科技企业的聚集地，扮演着金融管理中心、信息发布中心、人民币结算中心、科技金融中心的角色，拥有新三板这一大型金融市场。

第三，上市公司整体规模相对较小。截至2018年末，天津境内上市公司达50家，比2017年增加1家，其中A股公司45家，AB股公司1家，AH股公司3家，AS股公司1家。截至2018年末，上市公司总股本达644.68亿股，上市公司总市值为3853.01亿元。尽管近年来天津上市公司数量有所增加，但较之于广东、北京、上海、江苏等地区，天津上市公司的整体规模相对较小。

第四，金融人力资本规模有待提升。2017年，天津金融从业人员达到23.8万人，金融从业人员占比达到2.66%；北京金融从业人员达到56.7万人，金融从业人员占比达到5.06%；上海金融从业人员达到35.54万人，金融从业人员占比达到2.59%；深圳金融从业人员为11.48万人，金融从业人员占比达到1.22%（见表2.2）。与北京、上海等金融业比较发达的城市相比，天津在金融从业人数和金融从业人员占比方面有一定的差距，未来需要加快天津金融人才聚集，形成金融人才集聚效应。

表2.2　2017年天津、北京、上海、深圳金融从业人员及其占比

项目	天津	北京	上海	深圳
金融业从业人员数（万人）	23.80	56.70	35.54	11.48
社会从业人员数（万人）	894.83	1120.60	1372.65	943.29
金融从业人员占比（%）	2.66	5.06	2.59	1.22

资料来源：天津、北京、上海、深圳统计年鉴。

第三章　金融创新运营示范区发展和功能的理论分析

本章基于金融地理学、演化经济学、城市经济学、产业集群学说等经典理论，构建反映金融创新运营示范区形成、演变和发展的理论模型，重点分析金融创新运营示范区发展的影响因素和作用机制，揭示金融创新运营示范区形成演变的规律，以及对区域经济转型升级的影响。具体来看，本章首先对金融创新运营示范区的形成演变理论进行诠释，介绍了金融创新运营示范区形成演变的理论基础，分析了金融创新运营示范区的形成路径，归纳了金融创新运营示范区形成演变的主要因素。然后，通过构造一个植入金融创新活动的内生经济增长模型，对金融创新运营示范区建设支持经济结构调整的作用机理进行了模型分析，将股权融资和上市融资两种创新活动作为重点，分析其促进资本积累和技术进步，进而支持经济结构调整的特点及内在机制，验证了建设金融创新运营示范区对地区经济结构调整升级具有促进作用的合理性。最后，本章通过相关计量模型，实证研究了金融创新运营示范区建设对于天津经济结构调整的影响。其中，在界定了反映金融创新水平的相关金融指标后，本章利用 VAR 模型研究了天津金融创新相关的变量过去 30 年间在长期和短期与经济结构调整间的关系，研究结果表明金融创新显著影响经济结构调整。

一、金融创新运营示范区形成演变的理论诠释

（一）相关理论诠释

国内外学者从不同角度研究了金融创新运营示范区形成演变的规律，

系统总结了金融创新运营示范区的建设理论和实践，对于建设和发展金融创新运营示范区具有较好的指导意义。下文将从六个方面对金融创新运营示范区的形成进行理论分析。

1. 区位经济理论的诠释

区位经济学基于地理位置的视角为金融创新运营示范区的形成提供了解释，认为金融创新运营示范区要具备地理位置上的优势，如地点优势、时区优势、交通优势、政策优势等，并构建了形成金融创新运营示范区的地理条件。在供给因素方面，经营许可证是金融机构营运的前提条件，而获得经营许可证的成本与国家或地区的行政审批效率呈负相关关系，与金融管理制度呈正相关关系。如果一国或地区行政审批程序简短高效，金融管制宽松有序，获取经营许可证的成本就很低；反之，获取经营许可证的成本就很高。因此，越具有高效金融管理制度的地区，对金融业企业的吸引力就越强。对金融机构而言，劳动成本并不是越低越好，因为它们更需要高素质的专门人才，高级人才密集的地区有利于金融业务发展。此外，在金融机构的区位选择中，持续发展的经济和稳定的社会对于维持投资者及金融机构的信心具有促进作用，进而奠定金融市场稳定运行的基础。对于金融需求方来讲，在区位上与具有巨大金融需求规模的地区距离较近是非常关键的。被服务地区的经济增长越快、经济规模越大，金融服务需求越大，越有利于金融机构业务的扩大。

2. 规模经济理论的解读

规模经济是指增加投入后，增加的产出比例高于增加的投入比例，进而随着产量的增加，产品的平均成本减少。当某类企业聚集于特定地区时，会形成一个稳定的竞争集体，该集体使机体内部企业摊薄了单位产品的固定成本，有利于提高经营效益。对于众多企业共享的区域基础设施而言，基础设施投资满足了更多企业的需要。具体而言，首先是自然优势聚集力。自然优势不仅包含自然环境优势、自然资源优势及二者组合优势，还包括自然形成的社会资源优势。有研究发现，自然优势聚集力能够解释产业聚集行为的20%。其次，企业在区位上彼此靠近，会产生正外部效应。一家企业的投资建设或者规模扩大对其他企业有溢出效应，包括物理外溢（前文的共享基础设施包括在内）及智力外溢，后者指科研机构及高校等的人才及其研究成果使附近企业受益。最后是人文聚集效应。专业和职业类似的人群聚集增加了面对面交流的机会，有利于隐性知识的传播和学习，进而产生更多的合作和交流，有利于新业务的开展和新产品的开发。这些都是企业愿意聚集的重要原因。对于金融创新运营示范区的形成，规模经济自身具有强化机制，一个区域内聚集的金融机构越多，该区域越容易吸引其他金融参与者。当一个地区金融机构足够多、金融市场规模足够大时，这个地区就可能发展成金融创新运营示范区。在金融创新运营示范区，大量金融机构聚集，金融机构之间的业务往来与合作更加便捷；金融机构可以实现基础设施（清算系统、交通、通信等）和人才市场的共享；金融机构的集中，有利于实现金融业务面对面的沟通，可以避免业务双方的信息不对称，提高服务效率和经营效益；较高的金融资产流动性，吸纳更多资金的供需，降低投资项目获得资金的成本；高素质金融专业人才源源不断地流入。

3. 产业集群理论的诠释

（1）产业集群的优势。产业集群能够为企业发展提供三个方面的发展优势。

①共享外部经济。产业集群内部的企业能够平衡单个企业规模扩大与内部垂直整合成本。由于集群内部的企业能够有效靠近产业专业化的资源，包括信息资源、人力资源、原材料及公共资源和共享制度资源等，各个集群成员能够以较低的成本获得互补性资产。所以，各个企业以不牺牲自己灵活性为前提而获取范围经济收益，同时集群内企业能够通过不同的方式，包括建立联盟、合作或合资等，共同生产和销售，真正实现"1+1>2"的效果。

②降低交易成本。集群内企业的协作关系非常稳定，有利于提高谈判效率，降低协作成本。此外，在地理位置上，企业之间彼此接近，不仅可以降低运输和信息成本，还能降低技术及熟练劳动力的成本。

③促进企业创新。集群内同类企业的竞争压力，增强了企业技术研发和产品创新的动力；集群内企业频繁的业务往来和稳定的协作关系，在产品创新和技术研发上存在溢出效应；集群内的企业在功能上具有互补性，各个企业能够通过各种渠道获得新知识或技术，其中包括服务提

供商、客户、供应商及竞争者等，集群学习效应则随其产生；集群内积累更多的储备信息和技术，从而有利于下一轮创新。

（2）产业集群与金融创新运营示范区的形成。金融产业集聚是金融机构、金融中介机构、金融监管部门等高度集中于某一区域，通过市场和非市场建立联系，形成相互合作与竞争的产业群体的动态过程，最终结果是实现金融产业集群化。金融创新运营示范区的建设与发展促进金融市场及金融机构的集中，进而实现金融产业集群；反过来，金融产业集群也有利于金融创新运营示范区地位的强化。产业集群的三大基石是低廉的运输成本、生产要素的流动性及规模收益递增，金融业在这几个方面都具有独特的优势，是其他产业无法比拟的。对于金融机构而言，规模收益尤其显著，其发放贷款的程序不会因为发放的数额不同而有太大的差异，例如发放 1000 万美元的程序与发放 10 万美元几乎相同，但二者带来的利润却相差甚远。金融人才和金融资产分别是金融机构最核心的生产要素和经营对象，可见金融机构在运输成本和生产要素上具有显著优势。因此，与其他实体产业相比，形成金融产业集群更具迫切性、合理性及必要性，而金融创新示范运营区对于金融市场和金融机构具有聚集功能，金融产业集群可以迅速形成，将其在规模扩张、市场、创新和成本方面的优势充分发挥。

4. 交易费用理论的诠释

产业集聚区内企业众多，可以在提高交易频率的同时降低区位成本，稳定交易对象及其空间范围，进而有利于交易费用的降低。此外，聚集区内企业在地理位置上接近，有利于提高信息透明性，克服一方企业损害另一方企业的机会主义行为，同时减少收集市场信息的时间及其成本，有效降低交易费用。扩大企业规模，企业内部管理费用也会随之增加。企业内部的管理费用高于市场交易费用时，企业将不会扩大生产规模，也就是企业并非越大越好。但是，此时可以利用企业集聚间接扩大生产规模，且尚未为此付出较高的管理费用。

金融创新运营示范区就具有聚集金融机构的功能。位于金融创新运营示范区内部的金融机构地理位置优越，交易成本较低，金融产品高度相关，促使金融创新运营示范区成为一个没有界限的"大企业"，能够无限发展。金融创新运营示范区内部的许多金融机构之间相互支持、相互帮助且分工协作，并通过金融机构内部分工的社会化或外部化降低金融相关活动的交易费用。

金融创新运营示范区独特的降低交易费用的功能，便于金融机构提供更优质的服务和更具有价格优势的产品，在提升金融机构竞争力的同时，降低居民和企业的融资成本，其投资和消费需求也随之增加。

5. 金融地理学理论的诠释

大多数地理学家认为，在全球金融业的布局上，地理区位仍然发挥着重要的作用，金融活动仍然有集中于某些区位的趋势。Porteous D. J. (1995) 认为，虽然有信息革命存在，但影响金融交易的重要因素依然包括借贷双方的物理距离。信息化将促使新的"流动空间"取代或重塑旧的"位置空间"，但它并没有削弱区位和位置的重要性。总之，通信成本虽然随着网络技术的普及而降低，但其他方面的交易成本与距离仍然有密切关系，在发展中国家尤为明显，对金融业布局而言，地理区位仍然非常重要。

Porteous D. J. (1995) 强调，大体可以从不对称信息、信息腹地和信息外部性三个方面解释塑造和发展金融中心的幕后力量。信息外部性是指金融机构能够通过金融机构聚集增加信息量而从中获益；信息腹地是指不仅能将金融信息成本降至最低，还能使该地区的信息具有较高流动性，该地区是生产、汇集和传播信息的原发地；不对称信息是信息接收者因地域差异不了解信息的文化背景所产生的误解，物理距离近，误解的可能就越低，风险也就越小。因为存在信息不对称，许多经济活动选址所在地区能够最有效地获取相关信息流是有必要的。金融中心最根本的特点是拥有解释、重组、交换及收集信息的能力，不对称信息和信息外部性是信息腹地塑造和金融中心打造的重要因素。如果因为是全国金融决策中心，信息不对称成就了北京，则位于北京"金融腹地"且与之往来密切的天津，也能够有效获得相关信息流，北京的空间溢出对于天津特别是环渤海地区的金融聚集具有促进作用。

6. 总部经济理论的诠释

总部经济是指某一区域利用各条件或优势吸引外埠大型企业总部及

跨国公司入驻，经过极化效应在本区域形成企业总部集群，且使生产加工基地附近地区或外地布局，进而形成价值链分工的经济活动。一般情况下，能够集中公司总部的区域具有区位上的优势，可以汇集资本、人才和信息等要素，占据价值链分工的高端地位，获得的利润更高，在弥补其高昂的费用、成本的同时，可以提升本区域产业水平，增加经济总量，进而提高区域竞争力。

总部经济也有利于金融中心的形成。作为企业的决策中心，企业总部在企业经营空间内将其资源进行有效配置，即决定生产要素的结合空间，包括技术、劳动力和资本等。最终，所有生产要素的流动均以资金流动的形式体现，因此，企业总部多数决策必须利用特定的金融服务来执行，从而为当地金融业的发展提供了市场。另外，集中金融机构对于金融机构间的战略整合及业务合作有促进作用，助推金融业在多元化经营的背景下稳健发展，进而加速形成金融中心。

（二）金融创新运营示范区形成演变的路径分析

从世界金融功能区兴起和发展的历史进程来看，国际金融功能区一般按照两条截然不同的演进路径兴起和发展：一种是内生型演进路径，另一种是外生型演进路径。内生型演进路径是指最初兴起和发展的金融功能区由于经济贸易发展的内部需要，通过自然发展逐步形成。外生型演进路径是指最初兴起和发展的金融功能区由于政府等外生力量的驱动，通过措施聚焦、政府扶持等方法创造适宜的环境条件，超越一些传统金融功能区的演进阶段而在较短时间内成为金融功能区。

1. 内生型演进路径

在内生型演进路径下，经济的增长自发产生了对金融业的新需求。正如产业区位理论所描述的那样，金融业权衡各种因素，以决定其经营地点。由于金融机构选址时所考虑的因素趋同，某些城市往往成为它们共同的选择，于是金融活动在这些城市开始兴盛，金融功能区逐渐兴起。

以第一次世界大战之前的伦敦为例。17世纪，荷兰的阿姆斯特丹在全球金融中扮演着重要的角色，第一个股票交易所和第一个国家银行都诞生在阿姆斯特丹。然而，随着工业革命的展开，英国的科学技术迅速发展并在工业生产中得到广泛应用，资本主义工业的效率大大提高。伴随着国家经济实力的迅速增强和殖民地版图的不断扩大，英国这个"世界工厂"从各殖民地进口原材料，并向世界各地出口工业制成品，进出口贸易十分繁荣。伦敦是当时英国最重要的港口，17世纪末18世纪初，80%的英国进口商品及70%的出口商品经由伦敦进出。保险、融资和结算由贸易的发展所引起，不同规模的保险公司和银行也相继出现，且有了巨大的发展。由于伦敦在国际贸易中的特殊地位，为了接近客户，这些金融机构大多选择在伦敦设立总部或者分支机构以从事相关业务。

此外，经济的迅速发展使英国积累了大量财富，尽管国内投资非常旺盛，储蓄盈余却仍然十分庞大。这些资金需要金融行业为其寻找对外投资的渠道。于是，商业银行和商人银行来到伦敦，借助贷款和证券等金融工具将维多利亚中产阶级的储蓄输出到世界各地。19世纪20年代中期，英国已经成为主要的资本输出国。尽管法兰克福和巴黎的银行业也在跨国资本输出的过程中发挥着作用，但伦敦在国际金融中的领先地位无可辩驳。

随着英国在经济上成为世界头号强国并取得了世界殖民霸主的地位，以上诸多有利因素得到了进一步强化，伦敦的金融市场和金融机构因此得到发展与完善，伦敦作为国际金融功能区的地位逐步确立。

2. 外生型演进路径

在所有可能成为国际金融功能区的候选城市中，一些城市原本并不具有显著的优势，甚至处于不利地位，然而，当政府出于国家战略或者城市发展战略需要而有意识地利用现有条件，创造和强化其比较优势时，也有可能成功地吸引金融机构来此开展各种业务，进而兴起国际金融功能区。

典型例子是新加坡。新加坡于1965年独立时，国内经济低迷，失业率较高，转口贸易衰退，似乎并不具备形成国际金融功能区的条件。新加坡政府为了促进经济发展，决定充分利用所具有的时区与经济地理优势，大力发展国际金融业务。新加坡于1968年开放离岸金融业务。为了鼓励、吸引外资银行进驻，新加坡降低税收并提供多种便利条件。新加坡为数不少的措施取得了显著成效，不少亚洲银行纷至沓来，经营亚洲美元相关业务。新加坡国内的外汇市场、保险市场及资本市场因此也得到了完善与进一步发展。1980 年以后，新加坡就已经成为亚洲地区主要的国际金融功能区。

通过内生型演进路径和外生型演进路径而形成的国际金融功能区的兴起过程表面上似乎迥然不同，然而，如果深入分析，却能够从中发现国际金融功能区兴起的一个必要条件，那就是这些城市必须具有一定的比较优势。内生型演进路径形成的国际金融功能区，它们的比较优势是自然形成的，有意的人为干预并不发挥主要作用，比如英国经济和国际贸易的繁荣、英镑的强势地位和伦敦的地理优势等。外生型演进路径形成的国际金融功能区往往自身具备一定的比较优势，如新加坡的地理和时区优势。但是，这些优势在当时的历史条件下，并不足以使其成为国际金融中心。因此，当地政府采取措施，或强化其现有优势，或增加新的优势。在新加坡的案例中，表现为政府放松管制，为离岸金融业务提供方便等。如果当地政府的措施能够成功地使金融机构相信，选择该城市作为经营地点有利于其实现利润最大化的目标，那么政府的推进将助推国际金融功能区的兴起。

（三）金融创新运营示范区形成演变的主要因素

从金融创新运营示范区形成演变的理论诠释和经验解析来看，金融创新运营示范区形成演变不是单一因素促成的，而是诸多因素共同作用的结果。

1. 优越的经济地理区位

优越的经济地理区位是金融创新运营示范区建设发展的基础条件。如表 3.1 所示，国内外金融创新运营示范区一般地处交通便利快捷、城市基础设施完善、信息通信发达、自然环境优美的区域。金融创新运营示范区往往呈现出跨国公司、世界 500 强企业的聚集态势和以金融、保险、证券、咨询中介、通信等现代服务业为主导的产业格局，而相关的法律、咨询、中介机构等又为金融交易、人才交流等提供了有效的服务。例如，曼哈顿国际金融功能区主要分布在该区内曼哈顿岛上的老城（Downtown）和中城（Midtown）。20 世纪 80 年代中城区扩大，采用规划更新手段，提供了翻倍的空间和面积，功能也更加复合化和现代化，逐渐形成了目前的国际金融功能区。金融机构高度密集，融通集散资金的功能较强，容易形成并强化良好的金融氛围，吸引金融机构直接入驻，并且在承接金融功能区带来的金融聚集和辐射效应的同时将其放大。因此，在金融创新运营示范区内，产业金融能够实现与资本市场的充分对接和便捷沟通，在产业、资金、人才等方面提供强大支持。另外，金融创新运营示范区的经济布局和产业结构也是选择建设金融功能平台和载体的重要基础性因素，区域经济发展的特点决定金融创新运营示范区的功能和性质，必须因地制宜，顺势引导规划金融创新运营示范区的建设，逐步形成功能完善、服务高效、相互促进的国际金融产业发展新格局。

表 3.1　全球金融中心（区）的地理位置和占地面积

金融中心（区）	占地面积（平方公里）	地理位置
伦敦金融城	3.15	英国首都、欧洲第一大城市以及第一大港、世界四大世界级城市之一
纽约曼哈顿	3.5	位于美国东北部、纽约州东南，是全美国金融经济中心、最大港口，世界最大的城市
东京新宿	4	日本首都、亚洲第一大港口城市之一、日本商贸和金融中心
巴黎拉德芳斯	3.5	邻近塞纳河畔，是巴黎都会区首要中心商务区
香港中环	1.6	位于中国香港（由香港岛、九龙半岛和新界组成），是国际金融、贸易和航运中心
上海陆家嘴	3.3	位于长江入海口、中国海岸线的中心，是中国最大外贸港口和工业基地、国际化大都市
天津于家堡	3.86	位于渤海湾的天津港附近，是与中国北方经济中心相适应的金融改革和创新平台

资料来源：各金融中心（区）官方网站。

2. 遵循产业发展规律循序渐进

遵循产业发展规律循序渐进，是金融创新运营示范区形成演变的前提条件。金融创新运营示范区突出金融产业的核心功能，一个金融创新运营示范区的形成往往需要几十年甚至上百年的时间，在此过程中必须遵循产业自身发展的规律。例如，20 世纪 50 年代，随着日本经济的高速发展，人们对于原东京中心商务区的办公面积的需求急剧增加，导致地价飞速增长，东京也成为世界上当时地价最高的城市之一。为控制并缓解中心商务区的过于集中，1955 年，日本首都建设委员会提出了"首都圈整备计划方案"，指定池袋、涩谷和新宿三个地区为东京的副中心，将"新宿幅度计划"付诸实施。经过规划、计划、调整及建设，历时 50 多年，现在新宿已成功地成为东京新的金融商务中心。新宿功能区建设的商务区占地总面积达 16.4 公顷，办公、商业和写字楼的建筑总面积达 200 多万平方米，由临海信息港、新宿商务区和丸之内商务区构成的金融功能区逐渐形成。总之，建设金融创新运营示范区不能急于求成，而应遵循产业发展规律循序渐进。

3. 完善的金融服务环境

完善的金融服务环境，是金融创新运营示范区健康发展的外部条件。国内外大多数金融创新运营示范区形成演变的经验启示我们，金融文化底蕴的积累和较为完善的金融服务环境是金融区健康发展重要的外部条件。从国外经验来看，曼哈顿国际金融功能区的发展具有典型意义。曼哈顿金融功能区良好的金融服务业环境是在长期发展过程中由多种因素促成的。一方面，曼哈顿一直被投资者优先考虑，巨额的公共和私人投资不仅投放于街道、码头等基础设施，而且投放于高级住宅区和办公大楼，这使得曼哈顿一直保持先进和现代的设施，为金融服务业集群创造了良好的外部条件。另一方面，大量提供和消费金融服务的人群存在于曼哈顿。大多数曼哈顿居民为专业技术人员和经理人员，都接受了高等教育，是金融服务供求的关键客体。曼哈顿的就业人口集中于金融服务业及其相关产业，还可以助推金融服务业进一步发展，进而吸引更多消费金融服务业的企业集聚于曼哈顿，逐步形成了全球最负盛名的国际金融功能区。

4. 政府行为与市场机制的有效结合

政府行为与市场机制的有效结合，是金融创新运营示范区建设发展的机制基础。金融创新运营示范区建设的经验表明，成功的金融创新运营示范区建设需要有效的政府行为和有效的市场机制相结合。政府起到催化剂的作用，通过制定各种政策，吸引投资商开发建设，又通过各种优惠措施、完善的配套设施吸引跨国金融机构入驻，进一步促进金融创新运营示范区的发展。政府应发挥推动作用，为金融创新运营示范区的建设提供全新的政策思路及理论依据。经济发展达到特定水平之前，政府相关部门需紧抓金融市场发展的契机，将相关城市或区域所具有的经济环境和地理位置等方面的优势充分利用，建立适宜数量的金融商务和服务功能区，利用创造便利发展环境且提供相关优惠政策等方式，吸引并鼓励金融机构投资和办事机构的设立，进而加速形成功能区域内的金融产业集群。

5. 完善的金融制度体系及高效的监管框架

金融区稳健发展需有完善的金融制度体系及高效的监管框架。金融交易相关的全部制度安排或规则的集合形成金融制度，而金融交易这一特定的经济活动和关系受到这些制度安排和规则的影响与制约。我们可以从三个方面理解金融制度：顶层是货币政策、规章制度和法律，中间层是金融机构及其监管机构构成的金融体系，基础层是金融交易和金融活动相关参与者的行为规范。适应经济增长的金融制度与金融发展之间良性互动。监管框架必须是清晰、透明、一致、稳定的，而且具有可预见性。监管框架不应是过度的或者是武断的，但这也并不意味着监管应该很松懈，它应能让金融区中的投资者认为该监管框架具有最大的保护力度，风险较小，可以放心购买或投资资产，保护其资产避免意外事件的冲击。完善的金融制度安排和监管框架将有利于实现金融区的经济自由，是金融创新运营示范区健康发展的体制保障。

6. 结构优化的金融人才体系

结构优化的金融人才体系是金融创新运营示范区可持续发展的核心竞争力。人力资源是金融服务的核心资源，在金融区的未来发展中，人才优势是最重要的核心竞争力。金融区中的金融人才体系不仅仅是在数量上充裕，更为重要的是其结构最优，此处的金融人才结构涵盖了国际化水平、领军人才、高级人才、高级管理层、业务高管等在整个金融人才体系中占比的合理性，以及不同金融专业领域人才覆盖的广度和深度。构建数量丰富、结构优化的金融人才体系，对于形成有竞争力的金融创新运营示范区具有非常重要的核心作用。

二、金融创新运营示范区功能的理论模型

下文以熊彼特增长模型为基础，体现金融创新运营示范区在促进区域经济发展中所发挥的作用，研究了金融创新运营示范区支持区域经济发展的内在机制，为天津建设金融创新运营示范区、支持城市核心功能联动发展提供理论基础。

（一）模型设定

我们基于 Aghion 等（2005）和 Leaven 等（2015）的研究，构建一个离散时间的熊彼特增长模型。模型仅有 1 个国家，该国家与世界其他地区不交换产品或要素，但使用世界各地的创意。该国拥有一个连续的个体。该国的人口始终为 P，为了简化，本书将其规范化为 1。这样，经济总量等同于人均量。每个个体生存 2 期，在第 1 期提供 1 个单位的劳动，第 2 期不再提供劳动。效用函数是消费的线性函数：$U = c_1 + \beta c_2$，其中，c_1 为第 1 期的消费，c_2 为第 2 期的消费，β 为两期之间的贴现率，且 $0 < \beta < 1$。

1. 一般产品部门

该国拥有一个一般产品部门，生产一种多用途的"一般产品"。生产时需要投入劳动和连续的中间产品，生产函数如下：

$$Z_t = P^{1-\alpha} \int_0^1 A_t(i)^{1-\alpha} x_t(i)^\alpha \mathrm{d}i, 0 < \alpha < 1 \tag{1}$$

其中，$x_t(i)$ 是最新型中间产品 i 的投入量，$A_t(i)$ 是与该中间产品 i 相关的生产力水平。一般产品可以作为创新的研发投资（R&D）或中间产品的生产投入，被消耗（或消费）掉。一般产品部门是完全竞争的，所以每个中间产品的价格等于其边际产出：

$$P_t(i) = \alpha \left(\frac{x_t(i)}{A_t(i)} \right)^{\alpha-1} \tag{2}$$

中间产品的计价单位为一般产品，且令人口 $P = 1$。

2. 中间产品部门

在第 i 个中间产品部门，仅存在一个出生于第 $t-1$ 期期初的技术企

业家（以下简称企业家），他拥有可能实现技术创新的企业家才能，其实现创新的概率为 $\mu_t(i)$。如果他在第 t 期期初实现创新，他可以占有技术创新的垄断利润。

$$A_t(i) = \begin{cases} \overline{A}_t & \text{概率：} \mu_t(i) \\ A_{t-1}(i) & \text{概率：} 1 - \mu_t(i) \end{cases}$$

其中，$\overline{A}_t$ 是世界技术前沿，其增长率为 g，$g > 0$。企业家通过投资可能实现技术创新，并追上世界技术前沿。

在第 i 个刚刚实现技术创新的中间产品部门，企业家可以按照"投入一个一般产品，生产一个中间产品"的方式生产任何数量的最新型中间产品。此外，在第 i 个中间产品部门，还有连续的生产者可以通过仿制的方式，按照 $\chi > 1$ 的单位成本生产最新型中间产品。

由于中间产品的市场价格等于竞争性生产者的单位成本 χ，而企业家的单位成本为 1，所以企业家可以凭借技术创新获得垄断利润。当中间产品 i 的市场价格为 χ 时，根据式（2），可以得到中间产品 i 的需求量①：

$$x_t(i) = \left(\frac{\alpha}{\chi}\right)^{1/(1-\alpha)} A_t(i) \tag{3}$$

因此，创新成功的企业家将获得 $\pi_t(i)$ 的垄断利润，$\pi_t(i) = \pi \overline{A}_t$，其中 $\pi = (\chi - 1)(\alpha/\chi)^{1/(1-\alpha)}$。相反，如果企业家创新失败，则没有任何利润。企业家只能在第 t 期独占一期的垄断利润，此后各期其他个体可以无偿使用这个新技术。

3. 总产出

定义该国"平均生产力" A_t 为

$$A_t = \int_0^1 A_t(i)\,\mathrm{d}i$$

将式（3）代入式（1），得到一般产品的总产出：

$$Z_t = \zeta A_t$$

其中，$\zeta = (\alpha/\chi)^{\alpha/(1-\alpha)}$。

---

① 该需求量是生产一般产品时中间产品 i 的投入量。

在均衡时，假设每个中间产品部门实现技术创新的概率相同：$\mu_t(i) = \mu_t$，$\forall i$。因此，平均生产力 A_t 由均衡时的技术创新概率决定：

$$A_t = \mu_t \overline{A}_t + (1 - \mu_t) A_{t-1}$$

考虑到各个中间产品部门的创新成败是随机分布的，我们将创新失败部门的 $A_{t-1}(i)$ 的平均值设定为第 $t-1$ 期该国平均生产力 A_{t-1}。

该国标准化的平均生产力定义为

$$a_t = A_t / \overline{A}_t$$

标准化的平均生产力反映了该国技术与世界技术前沿的差距。这种差距的跨期变化由式（4）决定：

$$a_t = \mu_t + \frac{1 - \mu_t}{1 + g} a_{t-1} \tag{4}$$

式（4）表明，在给定 a_{t-1} 的情况下，μ_t 的增大有助于缩短技术差距，g 的增大将会扩大技术差距。

由于一般产品部门是完全竞争的，所以工资率 w_t 等于劳动的边际产量：

$$w_t = (1 - \alpha) Z_t = (1 - \alpha) \zeta A_t$$

此时，一般产品部门的增加值是工资收入[①]，中间产品部门的增加值是企业家垄断利润。因此，该国的 GDP 和人均 GDP 是两个部门的增加值之和：

$$Y_t = w_t + \mu_t \pi_t = (1 - \alpha) \zeta A_t + \mu_t \pi \overline{A}_t = \left[(1 - \alpha) \zeta a_t + \mu_t \pi \right] \overline{A}_t$$

4. 技术创新

在第 $t-1$ 期期末[②]，企业家可以借鉴世界各地技术创意，利用自有资金或融资进行技术创新投资（本书假设技术创新可以瞬间完成）。如果在第 t 期期初技术创新成功，企业家将在第 t 期获得垄断利润。

假设在每个中间产品部门，技术创新概率 μ_t 是由研发成本函数决定的：

[①] 在一般产品部门，当以一般产品作为计价单位时，中间产品的投入量恰好等于劳动投入之外形成的部分的总产出。

[②] 本书将第 $t-1$ 期期末和第 t 期期初视为同一个时点，假设技术创新、金融创新、金融改革都发生在该时点。

$$N_{t-1} = \tilde{n}(\mu_t)\,\overline{A}_t = (\eta\mu_t + \delta\mu_t^2/2)\,\overline{A}_t \quad \eta,\delta > 0 \qquad (5)$$

其中，N_{t-1} 是研发成本（用一般产品计价）。N_{t-1} 中包含 $\overline{A}_t$ 表明伴随着世界技术前沿的扩张，技术创新的难度增加，技术创新所需研发成本上升。$\tilde{\mu}(n)$ 为 $\tilde{n}^{-1}(n)$ 的逆函数①：

$$\tilde{\mu}(n) = \tilde{n}^{-1}(n) = (\sqrt{\eta^2 + 2\delta n} - \eta)/\delta \qquad (6)$$

假设 $\eta < \beta\pi < \eta + \delta$，该条件使得技术创新的均衡概率 μ_t 为 $0 \sim 1$。企业家在选取技术创新的均衡概率 μ_t 时，将力图实现他在 $t-1$ 期期末获得最大的预期净收益：

$$\max(\beta\mu_t\pi\,\overline{A}_t - \tilde{n}(\mu_t)\,\overline{A}_t) \qquad (7)$$

5. 无融资约束的均衡创新概率

如果企业家可以无限制地获得外部融资，他可以在第 $t-1$ 期期末，从其他 $t-1$ 期出生的个体那里借入不限量的资金。企业家承诺一旦创新成功，需要按照 $r = \beta^{-1} - 1$ 的利率偿还本金和利息②。由于无须考虑融资约束，企业家将选取 μ_t 以实现式（7）的最大化。此时，技术创新的均衡概率为 μ^*：

$$\mu^* = (\beta\pi - \eta)/\delta$$

对应的均衡研发成本为

$$N_{t-1}^* = \tilde{n}(\mu^*)\,\overline{A}_t = n^*\,\overline{A}_t$$

根据式（4），该国的技术差距跨期变化为

$$a_{t+1} = \mu^* + \frac{1-\mu^*}{1+g}\,a_t \equiv H_1(a_t) \qquad (8)$$

a_t 的稳态值为

$$a^* = \frac{(1+g)\,\mu^*}{g + \mu^*} \in (0,1)$$

GDP 和人均 GDP 的稳态值为

---

① 其中，$\tilde{\mu}(0) = 0, \tilde{n}'(n) > 0, \tilde{n}''(n) < 0$。

② 式（7）与 $\max(\mu_t\pi\,\overline{A}_t - (1+r)\,\tilde{n}(\mu_t)\,\overline{A}_t)$ 是等价的。

$$Y_t^* = \left[(1-\alpha)\zeta a^* + \mu^* \pi \right] \overline{A}_t \tag{9}$$

式（9）表明，人均 GDP 的长期增长率与世界技术前沿 $\overline{A}_t$ 的增长率 g 相同。

（二）金融创新

现实中，企业家需要通过金融企业家（以下简称金融家）进行融资。金融家之所以能够成为融资中介，在于其具有他人所不具备的筛选能力，即通过识别并服务于具有企业家才能的人，分享技术创新的垄断利润。在本部分，我们借鉴 Leaven 等（2015）的研究，在模型中引入金融创新活动，分析金融创新与技术创新的关系。

1. 模型补充设定

在第 i 个中间产品部门，仅存在一个出生于第 $t-1$ 期期初的企业家，他拥有可能实现金融创新的金融家才能。金融创新可以改进筛选技术，提升识别企业家及技术创新项目的效率。如果第 i 个中间产品部门的金融家成功实现金融创新，那么他识别出该部门企业家的概率为 1；如果金融创新失败，金融家只能依靠改进前的筛选技术进行识别。

令 $\kappa_t(i)$ 等于金融家实现金融创新的概率。在第 t 期中间商品部门 i 的筛选技术可以定义为

$$m_t(i) = \begin{cases} \overline{A}_t & \text{概率：} \kappa_t(i) \\ m_{t-1} & \text{概率：} 1-\kappa_t(i) \end{cases}$$

为简化分析，令世界筛选前沿在数值上等于世界技术前沿 $\overline{A}_t$，这意味着世界技术前沿扩张，金融筛选前沿也随之扩张。

企业家被识别出来的概率 $\lambda_t(i)$，可以用筛选水平和技术水平的差距表示。根据之前的假设，如果金融创新成功，识别概率为 1；如果金融创新失败，识别概率小于 1：

$$\lambda_t(i) = m_t(i)/\overline{A}_t = \begin{cases} \overline{A}_t/\overline{A}_t = 1 & \text{概率：} \kappa_t(i) \\ m_{t-1}/\overline{A}_t = \lambda_{t-1}/(1+g) & \text{概率：} 1-\kappa_t(i) \end{cases}$$

2. 筛选支出与单个企业家均衡创新概率

在之前没有融资约束的分析中，不存在抑制技术创新投资的金融中

介成本或合同问题，企业家根据式（7）确定均衡创新概率，一旦创新成功，企业家获得垄断利润，并支付融资本金和利息。

此处改变上述假设，引入中介成本，借鉴 King 和 Levine（1993b）的研究，认为除企业家之外，其他个体也希望融资，但是由于这些个体不具有企业家才能，因此他们的投资项目可能会失败。为识别出企业家，金融家需要进行事前筛选，筛选要产生中介成本（筛选支出），而且中介成本最终要由企业家承担。

当融资个体向企业家提出融资申请时，金融家将支出 fN_{t-1} 个一般产品去识别这个融资个体（f 为常数），以防止无法收回本金和利息。

假设金融家的金融创新失败，其正确识别企业家的均衡概率为 $\lambda_t(i)$。由于识别错误时金融家无法收回事前筛选支出，所以他需要向实现技术创新的项目收取 $fN_{t-1}/\lambda_t(i)$，才能保证筛选支出的收支平衡。

假设金融家的金融创新成功，其正确识别企业家的均衡概率为 1。尽管他识别企业家的支出仅为 fN_{t-1}，但是他会和竞争性的（金融创新失败的）金融家一样按照 $fN_{t-1}/\lambda_t(i)$ 向企业家收取筛选支出，以获得垄断利润。

无论金融创新成功与否，企业家在 $t-1$ 期期末面对的预期净收益函数中都将增加金融中介成本（或筛选支出）。

$$\max(\beta\mu_t\pi\overline{A}_t - N_{t-1} - fN_{t-1}/\lambda_t(i)) \tag{10}$$

将式（5）代入式（10），可以求得增加筛选支出的均衡创新概率：

$$\mu^{c*} = [\beta\pi/(1 + f/\lambda_t(i)) - \eta]/\delta$$

由于企业家创新成本加大，有中介成本时的均衡创新概率 μ^{c*} 小于无中介成本时的 μ^*，均衡的创新投资规模也会降低。

3. 金融创新及单个金融家的均衡创新概率

与技术创新一样，金融创新也是一个需要利用世界各地创意、投入成本并伴随不确定性的过程。第 t 期期初实现金融创新的金融家仅能在第 t 期获得垄断利润。

仿效技术创新，假设金融创新概率 κ_t 由研发成本函数决定[1]：

---

[1]　符号上标 F 的含义为金融，以区分技术创新研发函数中不带上标的符号。

$$N_{t-1}^F = \tilde{n}^F(\kappa_t)\overline{A}_t = (\eta^F\kappa_t + \delta^F\kappa_t^2/2)\overline{A}_t, \eta^F, \delta^F > 0$$

金融创新成功时，金融家的垄断利润为

$$(f/\lambda_t(i) - f)\,\tilde{n}(\mu^{c*})\,\overline{A}_t$$

最大化金融创新投资的预期净收益，可以确定均衡的金融创新概率：

$$\max[\kappa_t(f/\lambda_t(i) - f)\,\tilde{n}(\mu^{c*})\,\overline{A}_t - N_{t-1}^F]$$

$$\kappa_t^*(i) = [(f/\lambda_t(i) - f)\,\tilde{n}(\mu^{c*}) - \eta^F]/\delta^F \qquad (11)$$

此后，全国平均的识别概率定义为

$$\lambda_t = \int_0^1 \lambda_t(i)\,\mathrm{d}i$$

$$\lambda_t = \kappa_t^* + (1 - \kappa_t^*)\lambda_{t-1}/(1+g)$$

其中，κ_t^* 为 $\kappa_t^*(i)$ 的全国平均值。

λ_t 的稳态值为

$$\lambda^* = \kappa^*/(g + \kappa^*)$$

其中，κ^* 为 κ_t^* 的稳态值。

由于 $\dfrac{\partial\lambda^*}{\partial\kappa^*} > 0$，$\dfrac{\partial\lambda^*}{\partial g} < 0$，稳态时的识别概率是金融创新均衡概率的增函数，是世界技术前沿进步率的减函数。

如果将 λ^* 代入公式（11）[①]：

$$\kappa^* = [(f/\lambda^* - f)\,\tilde{n}(\mu^{c*}) - \eta^F]/\delta^F$$

由于 $\dfrac{\partial\kappa^*}{\partial\mu^{c*}} > 0$，$\dfrac{\partial\kappa^*}{\partial g} > 0$，在稳态时，金融创新均衡概率是技术创新均衡概率、世界技术前沿进步率的增函数，这是因为世界技术前沿的扩张、技术创新均衡概率的上升，都将提升金融创新成功时金融家的垄断利润，进而扩大金融创新研发投资。

---

① 此式中 μ^{c*} 中对应的 λ_t 应变为 λ^*。

(三) 产出水平

1. 企业家才能损失与全国平均的均衡创新概率

金融创新成功与否，决定了该部门企业家被识别出的效率。全国平均来看，只有 λ_t 比例的部门中，企业家能够获得融资；剩下 $(1 - \lambda_t)$ 比例的部门中，企业家无法获得融资。这意味着有 $(1 - \kappa_t)(1 - \lambda_t)$ 比例的企业家才能受损，这将降低全国平均的均衡技术创新概率 μ^{Ac*}。

$$\mu^{Ac*} = \left[1 - (1 - \kappa_t^*)(1 - \lambda_t) \right] \mu^{c*} \tag{12}$$

在技术创新不断推进时，如果金融创新不能随之推进，将不断降低企业家的筛选效率，进而损失更多的企业家才能。

2. 引入金融创新后的人均 GDP

根据式 (4)，该国的技术差距变化为

$$a_{t+1} = \mu^{Ac*} + \frac{1 - \mu^{Ac*}}{1 + g} a_t \equiv H_2(a_t)$$

在引入金融创新后，a_t 稳态值为

$$a^{Ac*} = (1 + g) \mu^{Ac*} / (g + \mu^{Ac*}) \in (0, 1) \tag{13}$$

此时，GDP 和人均 GDP 的稳态值为

$$Y_t^{Ac*} = \left[(1 - \alpha)\zeta a^{Ac*} + \mu^{Ac*} \pi \right] \bar{A}_t \tag{14}$$

(四) 模型启示

从历史经验来看，全球金融创新与技术创新呈现出协同发展的特征。本部分建立了一个包含金融创新和技术创新的熊彼特增长模型，研究金融创新和技术创新的相互影响。在该模型中，金融企业家开展金融创新，技术企业家开展技术创新。两类主体目标函数的内在一致性，决定了金融家为企业家提供适宜的金融创新和运营服务，并以此促进创新活动和内生增长。该模型表明，技术创新过程需要与之适配的金融创新，这有助于提升企业家的筛选效率，进而积累更多的企业家才能，推动经济高质量发展。

三、金融创新和运营服务的经济影响分析

天津滨海新区开发开放自纳入国家战略后，天津以实体经济高速发展及其综合配套改革的制度创新为依托，积极推动金融改革制度创新，将金融创新从根本上植入实体经济，有效促进了天津市实体经济高质量增长及经济结构的调整升级。根据天津实况分析发现，滨海新区迅速发展的实体经济及其综合配套改革的制度创新，促进了金融业的持续发展。金融资产总量及金融结构都发生了实质性的改变，对于该地区经济结构调整发挥了支持作用。表3.2反映了2006—2018年贷款、债券、股票的融资规模和占比，表3.3反映了2006—2018年天津金融业增加值、银行业资产总额及其与地区生产总值的比值。

表3.2　2006—2018年贷款、债券、股票的融资规模和占比

年份	新增本外币贷款余额（亿元）	国内债券市场融资额（亿元）	股票市场（A股）融资额（亿元）	三种方式的融资总额（亿元）	新增本外币贷款余额占比（%）	国内债券市场融资额占比（%）	股票市场（A股）融资额占比（%）
2006	693.32	71.20	11.59	776.11	89.3	9.2	1.5
2007	1128.10	107.00	556.66	1791.76	63.0	6.0	31.1
2008	1145.30	54.00	85.27	1284.57	89.2	4.2	6.6
2009	3463.09	226.10	53.95	3743.14	92.5	6.0	1.4
2010	2621.91	342.00	72.00	3035.91	86.4	11.3	2.4
2011	2150.60	323.00	32.24	2505.84	85.8	12.9	1.3
2012	2472.10	612.50	37.40	3122.00	79.2	19.6	1.2
2013	2461.00	1032.80	45.10	3538.90	69.5	29.2	1.3
2014	2365.62	1503.10	182.00	4050.72	58.4	37.1	4.5
2015	2771.28	1596.70	129.40	4497.38	61.6	35.5	2.9
2016	2759.34	1826.10	71.70	4657.14	59.2	39.2	1.5
2017	2848.46	1629.20	54.90	4532.56	62.8	35.9	1.2
2018	2482.40	2740.00	9.10	5231.50	47.5	52.4	0.2

资料来源：中国人民银行天津分行、天津证监局。

注：融资合计为新增本外币贷款余额、国内债券市场融资额、股票市场（A股）融资额之和。

表 3.3　2006—2018 年天津金融业增加值、银行业资产总额及

其与地区生产总值的关系

年份	金融业增加值（亿元）	银行业资产总额（亿元）	地区生产总值（亿元）	金融业增加值占地区生产总值比重（%）	银行业资产总额对地区生产总值比值（倍）
2006	186.87	8093.00	4518.94	4.14	1.79
2007	288.17	10213.00	5317.96	5.42	1.92
2008	368.10	11172.00	6805.54	5.41	1.64
2009	461.20	16321.00	7618.20	6.05	2.14
2010	572.99	19737.00	9343.77	6.13	2.11
2011	756.50	28108.00	11461.70	6.60	2.45
2012	1001.59	35114.80	13087.17	7.65	2.68
2013	1235.91	41271.20	14659.85	8.43	2.82
2014	1422.28	44136.60	15964.54	8.91	2.76
2015	1588.12	44905.90	16794.67	9.46	2.67
2016	1735.33	47038.10	17837.89	9.73	2.64
2017	1951.75	47928.00	18549.19	10.52	2.58
2018	1966.89	49441.00	18809.64	10.46	2.63

资料来源：中国人民银行天津分行发布的天津金融运行报告。

金融创新支持调整天津经济结构的内在机制非常复杂。其一，金融服务业（包括其创新业务）在风险管理、公司治理和资源跨期配置方面所发挥的作用，不仅能够有效降低信息和交易成本，还能促进技术进步及资本的形成，进而助推区域经济增长及其经济结构调整。其二，金融创新促进金融业从传统服务业转向附加值高、技术含量高和人力资本投入高的现代服务业，实质上金融结构的改变本来就是广义经济结构不可分割的部分。经济合作发展组织相关数据显示，发达国家金融业增加值与其 GDP 的比例为 5%～9%。此外，包括国际金融中心在内的某些重要城市的金融业增加值与其地区生产总值的比例会更高。基于以上两方面，本章进行了两部分实证分析，其一是构建向量自回归模型（VAR），分析四个金融创新变量——金融负债结构、金融机构运营效率、金融市场化比率及金融相关比率在短期和长期与天津经济结构之间的关系，体现金融创新对经济结构产生的影响；其二是利用 ARMA 模型对"十三五"期间金融创新前提下天津金融业增加值的变化趋势进行预测，分析天津

市金融业增加值与天津市地区生产总值的比例。实证之前，我们首先介绍一些可以直接或间接量化金融创新的金融指标。

（一）金融创新运营示范区的指标选取

20世纪90年代，发达经济体的货币化比率（monetization ratio）呈现出下降态势，Goldsmith（1994）研究了能够衡量某国经济金融化的金融相关比率（Financial Interrelations Ratio，FIR），结果表明其与经济发展趋势基本一致。王芳（2004）认为金融相关比率可以将金融上层结构的相对规模有效衡量，体现出金融深化的程度与内部结构之间的联系，将金融与实体经济间的关系加以强调，如金融的中介化程度、资产分布状况及其工具运用的比例等。金融结构在经济金融化过程中发挥的作用并不弱于总体规模，其都可以通过直接或间接的方式对实体经济发挥作用。

为了将金融创新对区域经济发展及其结构的影响更加直观地反映出来，本节将创新金融产品替代率及其引进系数、金融创新贡献率等作为重点进行分析，量化区域金融创新水平的指标，且以数据的可获得性为依据介绍若干金融创新其他相关金融指标，如金融相关比率。

与前文的理论分析一致，金融创新的关键并非过程或产品的创新，而是在金融市场中创新的传播与扩散。所以，金融创新及金融创新扩散效应导致金融结构发生的变化可以被间接地视为一种量化金融创新的方式。除此之外，能够将金融创新间接体现的指标所具有的优势是可以从现有的统计报告中获得与这些指标相对应的数据，并在实证分析中加以应用。

1. 直接反映金融创新运营能力的相关指标

（1）金融创新贡献率。金融创新贡献率是金融创新在一定时间内带来的金融业收益增加值占金融业增加值的比重，其体现金融创新对金融业发展贡献程度的大小。本书中，金融业增加值用 V 表示，创新带来的金融业收益增加值的增加部分用 K 表示，金融创新贡献率用 I 表示：

$$I = K/V$$

金融创新贡献率这一指标可以有效评价金融创新对金融发展的贡献

程度，是按金融管理相关部门设立的统计指标，获得对金融机构的层层统计，其关键是 K 的计算。上述公式表明 I 与 K 是正相关关系，即由金融创新带来的金融业增加值增加越多，金融创新贡献率就越高。

（2）创新金融产品替代率。创新金融产品替代率是指新的金融产品在一定时期内淘汰旧金融产品的速度。其中，在一定时期内创新金融产品个数、被淘汰的金融产品数量分别用 M 和 N 表示，二者之比为创新金融产品替代率，即

$$Z = M/N$$

若金融产品创新速度等于金融产品淘汰速度，即把 $Z = 1$ 当作基准，则 $Z > 1$ 代表金融创新活动比较活跃，$Z < 1$ 代表金融创新活动不活跃。值得一提的是，新金融产品的功能或许包含多种旧金融产品的功能，所以，$Z < 1$ 并不一定代表金融创新水平较低。本书认为，Z 的高低与某一区域金融业开放程度及其管制程度相关，而金融产品创新的速度与进度受这些因素的直接影响。

（3）创新金融产品引入系数。创新金融产品引入系数是金融机构在一定时期新引进的金融产品数量与机构已有金融产品（留存的、本期自主研发的及新引进的金融产品均包括在内）总量之比。其中，留存的金融产品数量、本期自主研发的金融产品数量和新引进的金融产品数量依次用字母 B、S、F 表示，创新金融产品引入系数用 C 表示，则

$$C = F/(B + S + F)$$

需要注意的是，引入的金融创新产品将自行研发但其业务处理方法、功能和性质等方面与引入产品相似或相同的产品包括在内。创新金融产品引入系数体现某一区域金融业引进新金融产品的频率，反映此区域金融管制程度及金融业活跃程度的大小。

2. 间接反映金融创新运营能力的相关指标

（1）金融相关比率。金融相关比率（FIR）是某一国家（或地区）金融资产总额与其经济活动总量之比。王芳（2004）将狭义货币（M_1）、保费余额、股票流通市值、债券余额、金融机构资金运用（不包括有价证券投资）之和作为金融资产总额，地区生产总值代表经济活动总量。由于数据的可获得性，本书将金融资产总额用天津市本外币存款和贷款

余额加总近似代表，天津市地区生产总值代表经济活动总量。所以，天津市的金融相关比率是天津市本外币存款和贷款余额加总与地区生产总值的比值，用 FIR 表示。

（2）金融机构运营效率。金融机构运营效率是金融机构贷款总量与其存款总量的比例，体现金融机构在流动性、安全性和盈利性之间的衡量，也体现金融机构运营效率的高低，记作 FOR。根据国际银行的经验，一般情况下 FOR 为 0.5～1.0，无论 FOR 过高还是过低都表明金融资源配置不合适，过高表明金融风险和杠杆率过高，过低表明资金有浪费和占用现象。尤其是当 FOR 大于 1 且其降低态势向 1 靠近时，本书认为金融机构的运营效率有向好迹象。

（3）金融存款结构。金融存款结构是金融机构中住户存款占其存款总额的比重。本书的该指标用金融机构住户存款与其存款总量之比表示，用 FSR 代表，反映金融机构存款结构的特点。

（4）金融市场化比率。金融市场化比率是在金融机构贷款总额中，乡镇企业、个体和私营贷款总和所占比重，用于衡量某区域非国有经济获取贷款的难易程度大小，体现该区域金融体系市场化程度的高低，用 FMR 表示。

（二）金融创新运营示范区的经济影响

经济结构受经济系统中特定因素的影响是动态过程。VAR 模型往往被用来对有关系的时间序列系统进行预测，并将随机扰动项对变量系统的动态冲击进行分析。本章节运用 VAR 模型，分析其脉冲响应函数及其方差分解，研究金融相关比率、金融机构运营效率、金融存款结构、企业融资结构对天津市经济结构的动态影响，并利用协整检验对这些与金融创新有关的变量与经济结构间的长期均衡关系进行分析；此外，利用方差分解和脉冲响应对金融创新相关变量如何动态影响经济结构调整进行研究。

1. 理论分析

某国国民收入及其财富存量增长、经济结构与其金融创新发展之间存在怎样的关系？某国财富存量及其国民收入的增长与该国信用合作社、股票和债券市场、开发银行、保险公司、商业储蓄银行和其他金融机构创新发展存在何种关系？经济结构与金融创新存在怎样的关系？20 世纪 40 年代后的大部分研究主要向实体经济（贸易发展和资本积累等）的发展过程集中，却没有深入分析金融创新，又或者根本就认为金融创新没有影响，也可能是对金融创新产生的影响尚不清楚。

与上述后凯恩斯不同的是，之后对私人金融中机构发展的更加积极的态度逐渐出现，他们认为虽然在过去金融的发展没有得到重视，但在经济整体发展过程中金融是不容忽视的组成部分。分析金融中介化可以发现，金融中介的功能体现在利用改变债务期限结构和分散债务风险的方式提高其对储户和借款人的吸引力，进而强化储蓄刺激，更容易获得信贷。从理论上分析，这些措施产生的收益来自两个方面：一是增加储蓄，二是在生产上使储蓄实现更有效的配置。据此，金融创新利用加强中介化的方式刺激实体经济结构发生变化，能够广泛且有效地分散投资风险，促进资本的高速积累。直接再利用即将出口的有形商品的金融价值在贸易融资中是允许的，对外贸扩张有一定的促进作用，但金融发展刺激工业化进程的机制尚不明显。农村储户的资金经由金融机构落入城镇借款者之手，而后城镇借款方将该资金投向工业，进而使工业化顺利获得所需资金。

本章节对发展中混合经济的某些宏观经济模型持有以下见解：通常情况下，金融会依据实体经济的变化而被动调整，同时储蓄总额不因利率的变化而改变。建立货币主义和新古典主义模型的假设与此有较大差异。依据经验，金融的发展是实体经济发生变化的充分乃至必要条件。即使在金融压抑的情况下，经过长时间的发展，实体经济也会有相当大的发展。但实际上，金融创新导致了某些国家或地区的有效增长周期。本章节将以上理论作为依据，利用实证方法研究天津市金融创新对其经济结构调整的影响。

2. 模型构建

（1）变量选取和 VAR 模型的确立。前文的经济结构调整和金融创新相关的理论分析，表明某地区的金融创新活动会引起该地区经济结构的变化。因此，本书基于天津市金融创新相关指标和经济结构 1980—

2017 年的相关数据构建含有五个变量的 VAR 模型，分析金融创新指标与经济结构间的动态影响过程。除金融相关比例、金融机构运营效率、金融存款结构、金融市场化比率等金融创新运营相关指标外，利用第三产业增加值与地区生产总值之比代表天津市经济结构调整指标，则 VAR 模型表示如下：

$$Y_t = C + A_t Y_{t-1} + \cdots + A_{t-p} Y_{t-p} + \varepsilon_t$$

其中，Y_t 为五维内生变量，C 为五维常数项向量，p 为滞后阶数，A_t，$\cdots$，A_{t-p} 为模型的系数矩阵（5×5 矩阵），ε_t 是五维扰动向量，t 为所选取样本的期间数。

（2）数据来源及处理。本研究选取 1980—2017 年的数据研究天津金融创新相关指标对天津市经济结构调整的影响。天津的经济结构用 SE 表示，代表天津市第三产业增加值占地区生产总值比重；天津金融相关比例用 FIR 表示；天津金融机构运营效率用 FOR 表示；天津金融存款结构用 FSR 表示；天津金融市场化率用 FMR 表示（见图 3.1）。以上数据均来源于天津市历年统计年鉴。

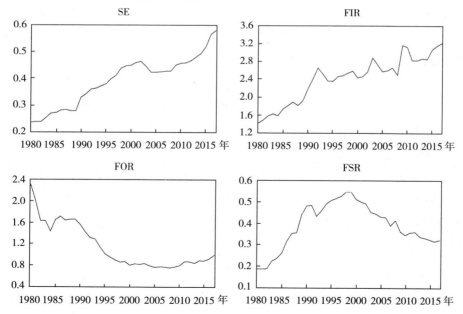

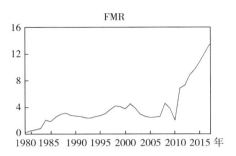

图 3.1　天津经济结构及金融创新运营示范区相关指标的动态走势

3. 实证分析

（1）单位根检验与 VAR 模型的拟合情况。为避免出现伪回归，本书首先采用 ADF 检验对各个时间序列进行平稳性检验。结果显示，原序列非平稳，但一阶差分后各变量在 5% 的显著性水平下平稳（见表 3.4），因而所有变量均为一阶单整，与协整检验条件相符。

表 3.4　对五个经济变量及每个变量一阶差分的单位根检验

变量	ADF 统计量	1% 的临界值	5% 的临界值	P 值	结论
SE	− 1.889461	− 4.234972	− 3.540328	0.6392	非平稳
DSE	− 4.090850	− 4.234972	− 3.540328	0.0142	平稳
FIR	− 3.281836	− 4.234972	− 3.540328	0.0855	非平稳
DFIR	− 6.128811	− 4.234972	− 3.540328	0.0001	平稳
FOR	− 2.020220	− 4.226815	− 3.536601	0.5714	非平稳
DFOR	− 5.330779	− 4.234972	− 3.540328	0.0006	平稳
FSR	− 1.937643	− 3.621023	− 2.943427	0.3121	非平稳
DFSR	− 4.410244	− 3.626784	− 2.945842	0.0012	平稳
FMR	− 0.216546	− 4.226815	− 3.536601	0.9902	非平稳
DFMR	− 6.745215	− 4.234972	− 3.540328	0.0000	平稳

我们通过 SC、HQ 等信息准则将 VAR 模型的滞后阶数定为 1，并检验上文三个指标之间的协整关系。其实证结果如表 3.5、表 3.6、表 3.7 所示。

表3.5 VAR 模型滞后阶数的确定

Lag	LogL	LR	FPE	AIC	SC	HQ
0	48.82479	NA	5.62E−08	−2.5	−2.28208	−2.42757
1	227.9754	296.8781*	8.55e−12*	−11.3	−9.97972*	−10.8527*
2	249.0649	28.92	1.17E−11	−11.1	−8.6453	−10.2457
3	278.0426	31.46	1.21E−11	−11.3167*	−7.76164	−10.0895

表3.6 向量自回归模型的分析结果

变量	SE	FIR	FOR	FLS	CFS
SE（−1）	0.726	−0.144722	−1.79	−0.516407	5.462
t 统计量	[6.35759]	[−0.09897]	[−2.39159]	[−2.14254]	[0.57074]
FIR（−1）	0.009	0.645747	0.012	0.02715	0.758
t 统计量	[0.80610]	[4.29285]	[0.15208]	[1.09502]	[0.77043]
FOR（−1）	−0.02	−0.146684	0.599	−0.019326	0.544
t 统计量	[−1.15887]	[−0.80479]	[6.41330]	[−0.64328]	[0.45628]
FLS（−1）	0.034	0.430573	−0.19	0.99992	−4.63
t 统计量	[1.41771]	[1.39021]	[−1.20645]	[19.5871]	[−2.28214]
CFS（−1）	0.006	0.041758	0.027	0.005377	0.897
t 统计量	[3.97501]	[2.11753]	[2.72187]	[1.65417]	[6.95359]
C	0.075	0.796595	1.067	0.140092	−2
t 统计量	[1.60938]	[1.33783]	[3.49894]	[1.42740]	[−0.51321]

表3.7 方程的整体拟合效果及信息准则

变量	SE	FIR	FOR	FSR	FMR	整体
R^2	0.985006	0.915	0.962171	0.947215	0.911527	—
调整后 R^2	0.982587	0.902	0.956069	0.938701	0.897257	—
F−统计量	407.2929	67	157.6952	111.2577	63.8778	—
对数似然值	114.3959	20.04	44.78906	86.74674	−49.4679	234.7709
AIC 准则	−5.85924	−0.76	−2.09671	−4.36469	2.998263	−11.0687
SC 准则	−5.59801	−0.5	−1.83548	−4.10346	3.259493	−9.76255

VAR 模型关于 SE 的输出结果如下：

$$SE = 0.7258 \times SE\ (-1) + 0.009 \times FIR\ (-1) - 0.0165 \times FOR\ (-1) + 0.0345 \times FSR\ (-1) + 0.0061 \times FMR\ (-1) + 0.0748$$

从实证结果来看，该模型的拟合程度较好。R^2 为 0.985，调整后 R^2 为 0.983。

（2）脉冲响应和方差分解。在研究金融创新与经济结构调整的关系时，本书采取 VAR 模型，利用脉冲函数来具体刻画两者的动态调整关系。另外，本书还利用方差分解法就各个金融创新变量对经济结构调整的贡献度进行了检验。

脉冲相应函数用来表示在某一个变量的随机误差项上加上一个冲击后对其他内生变量带来的影响。具体的脉冲响应如图 3.2 所示。当 FIR、FLS、CFS 受到一个正向冲击后，经济结构的代理变量 SE 将呈现一种长期的、稳定的上涨趋势。这表明 FIR、FMR 的提高将提升第三产业占地区生产总值的比重。当 FOR 受到一个正向冲击后，SE 最初会下降，然后缓慢回升。这表明 FOR 的提高将降低第三产业占地区生产总值的比重。当 FSR 受到一个正向冲击后，SE 最初略有下降，然后下降幅度加大。

在对贡献率的检测方面，本书采用了方差分解的方法，计算了 FSR、FMR、FOR 对 SE 变动预测误差的方差分解。以图 3.3 的第一个子图为例，在剔除 SE 的自身贡献率后，将其余指标的贡献率进行排名，其中，FMR 属于贡献率较大的指标，而 FIR、FOR、FSR 对 SE 变化调整的贡献率十分小。

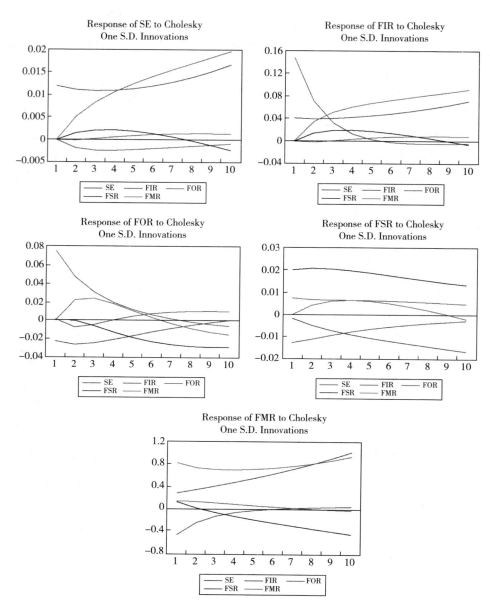

图 3.2 五个变量的脉冲响应

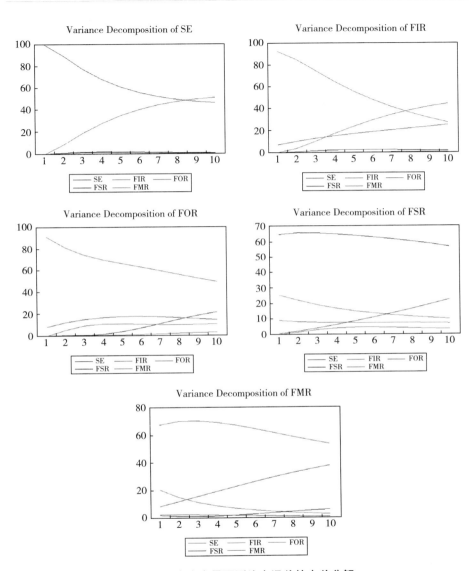

图 3.3 内生变量预测均方误差的方差分解

第四章 金融创新运营示范区发展的国内外经验借鉴

国际金融中心形成演变的经验表明，形成一个金融中心的必要条件包括四个：一是稳定开放的政治体制，二是公平、透明、有效和合理的法律、监管与税收制度，三是熟练的劳动力市场和灵活的劳动制度，四是高质量的基础设施。具体而言，国际金融中心应该具备公平开放的金融市场，自由流动的资本，可自由兑换的货币，灵活的劳动制度下的熟练人才市场，全球通用语言，公平、透明和有效的监管制度，健全公平的税制，较低交易成本，高质量、可用和实用的基础设施，以及稳定的政治与经济环境等。此外，天然的区位，如时区优势、地理优势等，也是国际金融中心发展的重要因素。

所谓必要条件，意味着它们是形成国际金融中心的必备条件，但一个城市或者地区即使具备了这些因素，也难以形成国际金融中心，还必须加上某些充分条件。这是因为不同地区的国际金融中心不仅在核心功能上存在差异，而且各自的发展路径也不尽相同。因此，本书着重比较纽约、伦敦、香港和新加坡等成熟的国际金融中心，上海、北京和深圳等发展中的金融中心以及国内各在建金融区的独特条件，以期对天津市金融创新运营示范区的发展建设提供借鉴。另外，对金融中心发展现状的描述，也可以为金融创新运营示范区的建设树立发展标杆，有利于发现差距、进行追赶。

一、国际金融中心相关研究综述

（一）国际金融中心相关研究综述

国际金融中心是如何形成的？如何评价国际金融中心？国际金融中

心在发展过程中会受到什么因素的影响？什么因素决定国际金融中心的繁荣和衰落？这都是在研究国际金融中心时必须回答的问题。

现有对国际金融中心的研究主要对国际金融中心的空间理论分布、集聚经济效应、规模经济效应、外部经济效应等方面从经济学和金融学的角度进行理论分析。整体来看，研究可以分为两类：一类是研究国际金融中心的形成与发展规律，另一类是对国际金融中心的类型和等级进行划分。对国际金融中心进行研究的另一个角度是对国际金融中心的发展水平和决定因素的量化指标进行计量分析。

值得注意的是，金融地理学的兴起也为研究国际金融中心提供了一个新的视角。金融地理学是经济地理学的一个分支。经济地理学主要研究经济活动的空间组织和配置、世界资源的使用以及世界经济的扩张和分布。

1. 金融中心理论和金融中心类型划分理论综述

关于金融中心形成的理论主要分为两个派别：一是以金德尔伯格（Kindleberger，1974）为代表的聚集经济理论，二是以 Davis（1990）为代表的区位选择理论。聚集经济理论主要是从市场集中的外部性来探讨金融中心形成和发展的原因，区位选择理论则从企业选址和产业选址的角度分析金融中心形成的内在原因。

（1）集聚经济理论。金融中心集聚效益的主要表现形式是金融服务效率的提升。金融集聚有利于降低金融企业的信息成本，为金融企业提供近距离交流的便利。同时，集聚还存在正的外部性，通过金融集聚能够提供投融资便利、提高市场流动性以降低融资成本、加强金融机构之间的合作。

在金融中心集聚效应方面，金德尔伯格认为金融中心的必要性通过将相关产业、信息、资源及客户在地理上集中产生内部经济效益及外部辐射效应。资源的聚集有利于促进企业深度融合，形成良好的金融生态，实现金融中心共享、共融、共赢。

金德尔伯格认为，外部规模经济效益主要体现在以下三个方面：一是节约资金余额以提供投融资便利。金德尔伯格认为，伴随着支付体系的发展，公司发现处于金融中心能有效利用银行业的交易媒介，实现周转资金余额的节约。达到一定规模的公司会逐渐在大都市设立财务部门，利用当地金融市场进行交易，并运用较少的周转资金余额筹集更多的资金。证券市场也会为资金短缺者提供越来越多的证券发行机会，同时向资金盈余者提供更多的投资渠道。二是提高市场流动性以降低融资成本。证券流动性随着金融市场规模的扩张而降低。这会吸引其他地区的借款人和贷款人进入该市场。借款人能够以较低的利率获得更多的贷款，贷款人则得到能在二级市场进行交易的投资对象，这也是贷款人能够接受低利率的原因。三是促进金融机构之间的合作以开发其他产业。当大量金融中心聚集时，银行业内部可以发展众多的合作项目和业务联系。随着大批金融机构的集中和发展，相关辅助性产业和社会中介服务业也得到了迅速的发展。律师、会计、资产评估、信用评估等机构都能得到发展并提供高质量服务。

（2）区位选择理论。Davis（1990）从产品需求和要素供给两个角度研究了金融企业选址的标准，也采用聚集经济和规模经济来解释金融中心的动态发展。区位选择理论认为，生产要素和需求以及给定地点与可替换地点之间的外部经济性差异是影响企业的主要因素。一旦选择了一个地址，沉淀成本就决定了这一选址的惯性程度。

就金融行业而言，生产要素主要包括经营许可证、专业人才、经营场所、设备、投入资金的成本以及可得性。需求方面，金融机构倾向于使用现代信息技术加强与客户之间的联系，因此现阶段金融业的集中不会出现以往金融中心成长过程中与制造业之间必然的地理上的联系。沉淀成本方面，除了营业地点的选址、员工的培训费用等，还包括潜在的客户流失以及信誉上的损失。

（3）金融中心类型和层级划分。对金融中心分类的研究，以中国香港学者饶余庆的观点最具代表性。饶余庆认为，金融中心可以从目的、地理和历史三个角度进行分类。从目的角度来看，可以细化到功能中心和簿记中心。功能中心是开展实际金融交易活动的金融中心。功能中心又可以分为一体化中心和分离型中心。一体化金融中心中，金融机构参与本币、外币离岸市场和在岸市场没有任何限制。分离型中心中，政府严格区分本币业务和外币业务，或者严格区分在岸市场和离岸市场。簿记中心则只是设立名义中介机构，在账簿上进行境内外交易。

从地理角度来看，金融中心从小到大可以分为国内地区性中心、区域中心和全球中心。如果把国家当作一个整体，就有了国家中心。一旦金融中心的行为穿越国界，就成了区域中心。辐射范围最大的则是全球中心，其行为覆盖全球。目前，金融中心的典型是伦敦和纽约。

从历史角度对金融中心进行分类的方法，是基于金融中心历史演进路径理论发展而来的，它将金融中心分为传统中心、金融集散地和离岸中心三大类。传统中心的主要业务是发行、认购、募资等银行信贷和证券市场活动，通过这些活动成为净资本输出国。金融集散地对国内居民和国外居民都提供金融机构、货币市场和证券市场服务，但它并不是净资本输出国。离岸中心主要为非居民存款者和借款者提供金融中介服务。

（4）金融中心发展模式。对金融中心发展模式的考察，主要是发展了 Patrick H. T.（1966）中提出了金融发展与经济增长之间存在"需求跟随"和"供给拉动"两种关系的观点，认为金融中心按其发展模式的不同，也可以划分为"需求反应型"和"供给主导型"。"需求反应型"是指随着经济的发展，人们对金融服务的需求不断增加，于是各种金融产品及服务被创造出来，从而形成金融中心。主要功能型国际金融中心大多属于这个模式，如纽约和伦敦。"供给主导型"则是指一个国家或地区在尚不具备形成金融中心的条件时，政策通过顶层设计，出台各种优惠政策，人为地促进金融中心的形成。这类金融中心的典型代表是新加坡。

早期关于城市经济和区域经济的研究对"需求拉动型"金融中心有过详细的阐释。Gras（1922）认为，一个城市主导产业的变化伴随着城市经济的发展分为商业、工业、运输业、金融业四个阶段，金融业相比其他几个产业具有更大的空间集中度和辐射力，是城市经济发展的最终产物。Labasse（1995）通过对地区间的实例研究，描述了中心城市及周边地区经济联系与该地区银行网络发展之间的联系。

Patrick 观点的新颖之处就在于提出了"供给主导型"金融中心发展模式，在此基础上，结合20世纪40年代和50年代多个新兴金融中心的崛起过程，得出了由政府规划、进行专门立法、制定优惠政策以及切实保障执行这四个要素组成的发展模式。该模式在传统"需求反应型"金融中心地位有所下降的时代背景下，显得尤为醒目。

2. 金融地理学研究综述

Labasse（1995）最先将地理学的方法引入涉及金融中心的讨论，描述了里昂地区银行网络的发展以及中心城市之间的金融联系。此后，金融中心的研究越来越受到金融地理学的重视，如金融总部的定位、金融中心的发展和衰落、离岸金融中心的发展过程和一般经济状况、电子信息网络下的摩擦问题和交易层面非均质问题。部分学者提出使用基于金融地理学的理论框架来分析金融活动集聚于特定区域的原因，丰富了金融中心研究的方式。Gehrig（1998）在评价金融中心的作用时，利用市场摩擦理论和大量实证分析，证明某些金融活动在地理上的集聚区与另外一些金融活动在地理上的分散区并存。Clark 和 Wojcik（2003）通过对德国市场的实证分析，认为国家边界和区域边界对市场透明度及有效性都至关重要。

3. 金融中心计量研究综述

对金融中心研究的计量分析兴起于 20 世纪 80 年代，其方法是通过一些数量指标，对金融中心进行纵向和横向对比，从而得出金融中心的竞争力排名。美国经济学家 H. C. Reed 在其著作中对金融中心的相对地位进行了定量的分析。

A. E. Tschoegl 等（1986）通过建立辐射/吸引矩阵（To/From Matrices）分析《银行家》杂志上排名前 300 的大银行在 14 个金融中心的分布，以此研究金融中心辐射能力、吸引能力和影响金融中心发展的因素。

美国学者 Jessie P. H Poon（2003）使用股票市场系列指标类聚分析（Cluster Analysis），通过对世界上 40 多个城市的资本市场进行分级，开展对金融中心的研究。其所考察的城市包含欧洲、北美、拉美和亚洲的一些具有影响力的大城市，时间跨度从 20 世纪 80 年代到 20 世纪末。通过分析，Poon 认为跨国公司的活动、新兴市场经济体产业的发展、金融管制和资本流动控制的放松是 20 世纪 80 年代金融活动规模迅速扩大的原因，而且这些因素导致了国际金融中心城市之间差异化程度的加强，从而导致世界资本市场的空间分布发生了变化。

（二）国内金融中心相关研究综述

1. 国内金融中心理论综述

国内对金融中心的研究起步相对较晚，主要是运用国外相关的理论和概念来探讨中国金融中心构建过程中所遇到的问题。部分学者运用关于城市化和分工演进的一般均衡模型阐释了"如果所有居民集中在一个很小的地方，形成一个城市，由于交易距离的缩短，效率会大大提高，从而分工水平和生产力水平也会大大提高"，而通过金融机构集聚形成金融中心，有利于获得和提高金融集聚效益。王廷科和张军洲（1996）根据当时各大城市争相建立金融中心，提出"金融中心热"，并给出了金融中心规划方案。潘英丽（2003）根据企业区位选择理论，分析了影响金融机构选址的重要因素，认为地方政府可以在税收政策扶持、人力资本积累、电信设施建设等方面加大投入，助力金融中心的形成。陈祖华（2010）认为金融中心的形成是一个长期过程，不仅受到地理区位的影响，还受到制度等其他方面的影响。

2. 国内金融中心实证研究综述

在实证方面，李虹和陈文仪（2002）运用相关数据构建了国际金融中心的指标体系，并且着重强调了国际化因素对于金融中心发展的作用。杨再斌和匡霞（2004）运用层次分析和模糊判断法，从城市微观条件、国家宏观条件及周边环境三个维度对上海与新加坡建设金融中心的实力进行了对比。王仁祥和石丹（2005）则从定性和定量两个方面构建评价体系，以中部五省省会城市为例对区域金融中心进行模糊综合评价。陆红军（2007）利用因子分析和聚类分析，对纽约、伦敦、东京、新加坡、香港与上海六个金融中心的竞争力进行了实证分析。倪权生（2009）对伦敦、香港、纽约、东京、新加坡和上海等金融中心的国际影响力进行了实证分析，结果发现伦敦的影响力最大。

二、国际、国内金融中心的比较研究

（一）国际金融中心对比分析

20 世纪 80 年代之后，国际金融中心呈现多元化发展趋势。其主要原因在于信息技术的发展、贸易自由化、金融自由化加快了经济全球化进程。成熟的金融中心的发展可以作为金融创新运营示范区的借鉴，我们应该密切关注这些金融中心的差异。表 4.1 和表 4.2 对伦敦、纽约、新加坡等金融中心的现状进行了比较分析。

表 4.1　国际金融中心形成模式和推动因素

城市	形成时间	驱动模式	推动因素
伦敦	18 世纪中后期	市场主导型	1. 优越的地理位置 2. 工业革命后经济的飞速发展 3. 良好的政治、经济基础 4. 英镑的国际化 5. 金融经济高度自由化
纽约	19 世纪末到 20 世纪初	市场主导型	1. 优越的地理位置 2. 坚实的经济基础 3. 国际经济、金融格局变化 4. 美元的国际化 5. 金融创新 6. 金融经济高度自由化
香港	20 世纪 70 年代	市场与政府 共同推动型	1. 优越的地理位置 2. 频繁的商贸活动 3. 金融管制的放松 4. 自由开放的商业环境 5. 政策支持
新加坡	20 世纪 70 年代	政府推动型	1. 优越的地理位置 2. 频繁的商业活动 3. 严格的金融监管 4. 政策支持

资料来源：根据相关研究整理获得。

表 4.2 国际金融中心相关指标比较（2011 年）

指标		伦敦	纽约	香港	新加坡	上海
股票市场	股票市场总市值（10 亿美元）	3266	15641	2258	598	2357
	股票市场成交额（10 亿美元）	2837	30751	1445	285	3658
	股票市场筹资总额（10 亿美元）	51.40	122.3	63	8.5	49.6
	上市公司个数（家）	2886	4988	1496	773	931
债券市场	债券市场余额（10 亿美元）	1746	26176	129	125	3232
	债券市场深度（%）	96	231	71	64	59
	公司债市场深度（%）	1.2	26.3	7.2	8.3	11.5
基金市场	基金公司管理资产规模 *（10 亿美元）	85.44	1182.07	1.2	0.91	36.5
	ETF 数量	1530	1342	77	90	23
	ETF 交易额（10 亿美元）	314	4497	70	8	42
保险市场	保费收入（全国）（10 亿美元）	310	1166	26	17	215
	保险密度 *（美元/人）	4497	3759	3636	2823	158
	保险深度（全国）（%）	12	8	11	6	4
期货市场	场内衍生品交易量（百万手）	197	3596	116	62	668
金融机构	金融机构总数（家）	3095	—	8450	2868	1049
	全国前十名银行总部个数	7	5	10	10	2
金融人才	金融从业人数（万人）	31.5	42.55	21.2	12.6	23.2
	金融从业人数占比（%）	8	11.6	6.1	4.1	3.9
金融国际化	外资银行数	249	200	132	114	21
	外国上市公司交易额占比（%）	9.7	9.6	0.5	0.4	—
金融生态	国内生产总值（10 亿美元）	2421	15094	243	260	7301

资料来源：《上海金融景气指数报告》（第四期）。

注：*表示在缺少金融中心数据时用国家数据表示，个别数据使用了 2010 年数据。

1. 国际金融中心发展现状

（1）纽约的发展现状。两次世界大战期间，伴随美国经济崛起及美元国际化，纽约由国内金融中心发展成为国际金融中心。自 1961 年起，经州法律允许，外国银行在纽约设立分行。美国为了与其他金融中心竞争，在 1981 年建立"国际银行设施"（IBFs），允许在国内开展境外金融业务。纽约联邦储备银行作为贯彻执行美国货币政策和外汇政策的主要机构，使纽约成为国内外外汇交易的枢纽，大量的国际资本都集中在纽约，提升了纽约的国际地位，使纽约成为世界上最大的国际金融中心。根据世界交易所联合会（WFE）的数据，截至 2018 年末，在纽约证券交易所挂牌的股票总市值达 20.68 万亿美元，占全球市场总市值的 23.02%；纽约证券交易所的上市公司数量达 2285 家，其中 510 家为外国企业，占 22.32%。

（2）伦敦的发展现状。工业革命之后，英国成为世界经济强国，伦敦也逐渐成为世界资金集散中心。20 世纪 80 年代，伦敦实施了一系列以推动金融自由化为核心的金融政策，以此巩固自己的金融地位，应对新兴市场的挑战。目前伦敦金融市场十分发达，金融产品丰富多样，在世界上具有重要的影响力。世界交易所联合会（WFE）的数据显示，截至 2018 年末，伦敦交易所股票总市值为 3.64 万亿美元，在全球市场上占 4.10%，位列世界第 5。与此同时，伦敦金融中心拥有世界最大的外汇市场，是离岸美元的主要交易市场。国际清算银行（BIS）2016 年发布的数据显示，伦敦的外汇日均交易额为 2.42 万亿美元，并且在伦敦外汇市场上交易的美元是美国外汇市场的 2 倍。

（3）香港的发展现状。香港是亚洲领先的国际金融中心，根据 Z/Yen 集团与中国综合开发研究院于 2019 年 3 月公布的全球金融中心指数（GFCI），香港在国际金融中心排名中居第 3 位。多年以来，香港一直获评为全球著名的国际金融中心之一。作为全球最活跃及流动性最高的证券市场之一，香港证券市场对资金流动不设限制，也没有资本增值税或股息税。截至 2019 年 6 月底，共有 2382 家公司在香港交易所上市，总市值约 4.2 万亿美元。以市值排名，香港证券市场居亚洲第 3 位、全球第 6 位。香港建立了在内地以外最大的离岸人民币资金池。与此同时，香港是全球最活跃的首次公开发行（IPO）市场之一，2018 年香港股票市场的集资总额达 367 亿美元。

（4）上海的发展现状。上海是中国改革开放排头兵、创新发展先行者。近年来，上海加快推进国际金融中心建设步伐，金融改革开放不断取得新进展，聚集了股票、债券、期货、货币、票据等各类金融要素市场，吸纳了金砖国家新开发银行等各类国际性、总部性重要金融机构集聚，顺利实施了科创板、沪港通、沪伦通、能源金融、黄金国际板等金融市场创新，初步形成全球性人民币产品创新、交易定价和清算中心。

2019 年 1 月，中国人民银行等八部门联合印发《上海国际金融中心建设行动计划（2018—2020 年）》。行动计划指出，目标到 2020 年，上海基本确立以人民币产品为主导、具有较强金融资源配置能力和辐射能力的全球性金融市场地位，基本形成公平法治、创新高效、透明开放的金融服务体系，基本建成与我国经济实力以及人民币国际地位相适应的国际金融中心，迈入全球金融中心前列。

（5）新加坡的发展现状。新加坡是亚洲领先的国际金融中心，处于马来半岛南端，扼守马六甲海峡，是国际航道的必经之处，地理环境优越。在 1965 年正式独立之后，新加坡政府通过一系列优惠政策完善金融制度，以此吸引更多的外资。20 世纪六七十年代，新加坡把握住国际市场对美元的需求机遇，适时创立并着力发展了亚洲美元市场。1998 年，新加坡公布了建设世界级金融中心的蓝图，按照规划，新加坡国际金融中心将由亚洲最大的国际资产管理中心、亚洲主要的国际性证券中心等七大中心组成。目前，新加坡在国际金融、贸易融资、海事金融、保险、财务运作、财富管理、外汇交易等方面处于领先地位。

2. 国际金融中心对比分析

（1）地理位置优越。从世界各金融中心的形成过程来看，金融中心都是由贸易中心转化而来的，地理和区位优势是金融中心演化成功的必要条件。香港和新加坡由于介于欧洲和美洲之间，成为欧美金融市场之间的枢纽，而且随着高科技通信手段的使用和交易电子化水平的提高，交易的效率显著提升，成本则显著下降。

（2）经济实力强大。金融与经济密不可分，强大的经济实力是形成金融中心的前提。无论是资格较老的伦敦和纽约，还是最近几十年蓬勃发展的香港和新加坡，其金融中心发展的动力无不源于经济腹地的稳定发展。伦敦的崛起借助于英国世界经济强国的地位和广阔的殖民地；纽约的腾飞则依赖广袤的经济腹地和第二次工业革命；香港和新加坡都属于"亚洲四小龙"，其辐射范围遍及快速发展的东亚和东南亚地区。

（3）金融市场发达。一个城市要成为金融中心，完善的金融市场是不可或缺的。完善的金融市场能够整合区域内的金融资源，并实现金融资源的合理配置。此外，自由的金融市场结构能够激发市场主体的创新能力，推进金融市场自身的发展。从汇率交易基金产品、债权衍生品、股权衍生产品到信用衍生品甚至是二氧化碳额度交易产品，世界上绝大多数的金融衍生品出自纽约，其中相当部分是在华尔街诞生的，使纽约形成了创新优势。纽约自由的市场结构促进了金融创新爆炸式的发展，而多样化的金融创新也巩固了纽约国际金融中心的地位。

（4）法律制度健全。健全的法律是形成金融中心的制度保障，所以在建设金融中心时需要各国政府和法律的支持。一般来说，政府在法律方面的支持主要表现为管制放松、给予机构优惠政策等。在新加坡，政府在对金融市场和金融机构进行严格监管、确保本国经济不受国外冲击影响的同时，通过提供税收优惠和适度放松管制来促进离岸业务的快速发展，特别是在1997年亚洲金融危机发生后，在东南亚其他国家和地区纷纷加强金融监管时，新加坡反其道而行之，采取了适度放松的金融监管政策，将合规性金融管制改为以风险管理为中心的金融管制。

（5）国际化程度较高。世界各国金融中心的形成都离不开货币国际化的过程，货币国际化程度在一定程度上能够说明该国金融中心的实力。第二次世界大战之后，美国以国际协议的方式建立了以美元为中心的布雷顿森林体系，美元成为世界最主要的储备货币和国际清算货币，纽约也因此汇集了全世界的资本。冷战时期，苏联和东欧社会主义阵营国家为防止资产被美国冻结，将美元存放在欧洲。英国抓住机遇，通过放松管制和提供高收益，促进了欧洲美元市场的发展；而伦敦作为欧洲美元市场的中心，强化了其在全球金融交易中的领导地位。中国香港的"自由不干预"和新加坡的"积极干预"看似大相径庭，实则都在一定程度上实现了金融中心国际化：中国香港不对资本流动进行限制，成为国际资本的"避风港"；新加坡顺应形势，培育亚洲美元市场，并制定了相应的优惠政策，比如取消亚洲美元市场的资本管制、逐渐开放外汇市场等。中国香港和新加坡走向国际化的过程，就是金融中心从区域性跃升至国际性的过程。

（二）境内金融中心对比分析

随着中国经济实力的提升，中国的金融中心建设也取得了长足的进展。作为境内发展相对成熟的金融中心，上海、北京和深圳无论从 GFCI 排名、评分还是发展潜力上，都表现出极强的竞争力。中国 31 个境内金融中心的区域分布详见表 4.3。

表 4.3　中国 31 个境内金融中心的区域分布

区域	城市
全国性金融中心	上海、北京、深圳
东北区域	大连、沈阳、长春、哈尔滨
北部沿海区域	天津、济南、青岛、石家庄
东部沿海区域	杭州、南京、苏州、宁波、无锡、温州
南部沿海区域	广州、厦门、福州
中部区域	武汉、长沙、郑州、合肥、南昌
西部区域	成都、重庆、西安、昆明、南宁、乌鲁木齐

资料来源：中国综合开发研究院．中国金融中心指数 CDI CFCI 报告（第十期）．2018－11．

英国智库 Z/Yen 集团和中国综合开发研究院在 2019 年 9 月联合发布第 26 期全球金融中心指数（GFCI 26），对全球重要金融中心进行了评分和排名。本期排名中，全球前十大金融中心依次为纽约、伦敦、香港、新加坡、上海、东京、北京、迪拜、深圳、悉尼。上海、北京、深圳是进入前十名的内地金融中心，尤其是上海国际金融中心，其得分与第 4 名新加坡的差距仅为 1 分。

1. 全国性金融中心对比分析

表 4.4 选取第 26 期全球金融中心指数中排名前三位的内地金融中心进行相关指标的对比分析。

表 4.4 中国内地 3 个全国性金融中心的相关指标对比

项目	具体指标及单位	北京	上海	深圳
金融产出	金融业增加值数额（亿元）	4270.80	4765.83	2810.73
	金融业增加值三年平均增长率（%）	13.30	16.70	12.27
	金融业增加值占当地地区生产总值的比例（%）	16.64	16.91	14.42
金融人才	金融从业人员总数（万人）	53.8	36.42	12.24
	金融从业人员三年平均增长率（%）	9.93	5.68	-0.05
	金融从业人员占常住人口比重（%）	2.48	1.51	1.03
银行业	本地法人商业银行数量（个）	21	26	9
	本地法人商业银行资产总规模（亿元）	1253827.21	187267.84	95498.50
	存款余额占地区生产总值比重（%）	514.6	373.2	310.5
	贷款余额占地区生产总值比重（%）	248.4	222.9	206.5
证券业	本地法人证券公司数量（个）	18	18	18
	本地法人证券公司资产总规模（亿元）	11320.15	18571.25	16075.41
	证券营业部家数（个）	520	748	438
	本地证券交易量与地区生产总值之比（%）	364.3	658.6	447.7
	境内股票市场累计融资量与地区生产总值之比（%）	60.7	35.2	26.1
	本地法人基金公司数量（个）	20	60	30
	法人基金公司资产管理规模（亿元）	17078.05	37443.32	27975.28
保险业	保险深度（%）	7.05	5.27	4.59
	保险密度（元/每人）	9090.16	6562.79	8219.39
	本地法人保险公司数量（个）	65	47	20
	本地法人保险公司资产规模（亿元）	74441.46	23180.52	28732.65
	保费收入（亿元）	1973.20	1587.10	1029.75
租赁业	融资租赁机构数量（个）	185	2034	2408
金融开放	外资银行在本地的分行数量（个）	48	79	28
	外资银行在本地的营业性机构数量（个）	130	228	91
	本地法人合资证券公司数量（个）	5	6	2

项目	具体指标及单位	北京	上海	深圳
金融开放	国外证券公司在本地的代表处数量（个）	49	55	6
	本地法人合资基金管理公司数量（个）	5	22	9
	外资保险公司在本地的分公司数量（个）	45	38	19
	本地法人合资保险公司数量（个）	10	24	2
	外资保险公司在本地的代表处数量（个）	95	47	11
金融生态	人均地区生产总值（元）	128992	124606	179102
	第三产业增加值（亿元）	22569	20783	13153
	本地上市公司家数（家）	308	274	274
	执业律师数（人）	26953	20515	11422
	注册会计师（CPA）数（人）	13536	6388	3153
	当年实际利用 FDI 总额（亿美元）	130.29	185.14	67.32
	当年进出口总额（亿美元）	2823.80	4338.05	3984.39

资料来源：中国综合开发研究院. 中国金融中心指数 CDI CFCI 报告（第十期）. 2018－11.

（1）全国性金融中心发展现状

①上海发展现状。近年来，党中央、国务院高度重视上海国际金融中心建设、临港新片区和长三角一体化发展，特别是习近平总书记连续两年参加在上海举办的中国国际进口博览会，宣布了支持上海改革开放的若干重大举措，交给上海"三大任务"，要求强化"四大功能"，推动经济高质量发展。2019 年 7 月，李克强总理亲临新片区考察，就支持上海国际金融中心建设进一步提出要求。

2018 年 11 月，习近平总书记在首届中国国际进口博览会开幕式上宣布设立上海证券交易所科创板（SSE STAR Market），即独立于现有主板市场的新设板块，并在该板块内进行注册制试点。2019 年 6 月，上海证券交易所科创板正式开板；2019 年 7 月，科创板首批公司上市。

2020 年，上海将基本建成以人民币产品为主导、具有较强金融资源配置能力和辐射能力的全球性金融中心。2020 年 2 月，中国人民银行、银保监会、证监会、国家外管局、上海市人民政府联合发布《关于进一步加快上海国际金融中心建设和金融支持长三角一体化发展的意见》，从积极推进临港新片区金融先行先试、在更高水平加快上海金融业对外开放和金融支持长三角一体化发展等方面推出了30条具体措施。

2020年1月，上海市发布《加快推进上海金融科技中心建设实施方案》，提出力争用5年时间，把上海打造成为金融科技的技术研发高地、创新应用高地、产业集聚高地、人才汇集高地、标准形成高地和监管创新试验区，将推出金融科技培育、税收优惠、人才引进等一系列措施，在5年内建成具有全球竞争力的金融科技中心。

②北京发展现状。北京是全国政治中心、文化中心、国际交往中心、科技创新中心。作为全国政治中心，北京具有无可比拟的信息优势，是无可争议的金融管理中心、资金调控中心和资金清算中心，也是货币当局、监管当局和金融机构总部最密集的城市。同时，北京也是国内最大的跨国公司中国总部基地和国内公司总部基地。大企业、大财团和大机构聚集，产生了强烈的金融服务需求；而为大企业、大财团和大机构提供并购、上市、投融资安排等服务则是最高端的金融服务，北京在这一方面具有很强的优势。

作为国际交往中心，北京在集聚国际金融机构方面具有优势。2015年12月25日，亚洲基础设施投资银行正式成立。亚洲基础设施投资银行是一个政府间性质的亚洲区域多边开发机构，重点支持基础设施建设，成立宗旨是促进亚洲区域建设互联互通化和经济一体化的进程，并且加强中国及其他亚洲国家和地区的合作，是首个由中国倡议设立的多边金融机构，总部设在北京，法定资本达1000亿美元。

作为科技创新中心，北京在金融科技发展方面具有优势。2018年，北京市先后出台《北京市促进金融科技发展规划（2018年—2022年）》和《关于首都金融科技创新发展的指导若干意见》，提出在金融街和中关村交会处建设北京金融科技与专业服务创新示范区。

③深圳发展现状。深圳是中国改革开放的重要窗口，是一座充满魅力、动力、活力、创新力的国际化创新型城市。进入中国特色社会主义新时代以来，党中央、国务院支持深圳高举新时代改革开放旗帜、建设

中国特色社会主义先行示范区。

2019年2月，中共中央、国务院印发《粤港澳大湾区发展规划纲要》，强调深圳要发挥作为经济特区、全国性经济中心城市和国家创新型城市的引领作用，加快建成现代化、国际化城市，努力成为具有世界影响力的创新创意之都。充分发挥香港、澳门、深圳、广州等资本市场和金融服务功能，合作构建多元化、国际化、跨区域的科技创新投融资体系。大力拓展直接融资渠道，依托区域性股权交易市场，建设科技创新金融支持平台。

2019年8月，《中共中央国务院关于支持深圳建设中国特色社会主义先行示范区的意见》发布，决定加快构建深圳的现代产业体系。提高金融服务实体经济能力，研究完善创业板发行上市、再融资和并购重组制度，创造条件推动注册制改革。支持在深圳开展数字货币研究与移动支付等创新应用。促进与港澳金融市场互联互通和金融（基金）产品互认。在推进人民币国际化上先行先试，探索创新跨境金融监管。大力发展绿色金融。

（2）全国性金融中心的相关指标对比

①金融产出比较。根据第十期中国金融中心指数的横向比较，上海金融业增加值为4765.83亿元，排名第一；北京、深圳分列第二位、第三位。上海金融业增加值三年平均增长率为16.70%，排名第一；北京、深圳分列第二位、第三位。上海金融业增加值占当地地区生产总值的比例为16.91%，排名第一；北京、深圳分列第二位、第三位。较之北京、深圳，上海在金融业增加值上具有优势。

②金融人才比较。根据第十期中国金融中心指数的横向比较，北京金融从业人员总数为53.8万人，排名第一；上海、深圳分列第二位、第三位。北京金融从业人员三年平均增长率为9.93%，排名第一；上海、深圳分列第二位、第三位。北京金融从业人员占常住人口比重为2.48%，排名第一；上海、深圳分列第二位、第三位。北京在金融人才数量上具有优势。

③金融体系比较。根据第十期中国金融中心指数的横向比较，北京本地法人商业银行资产总规模为1253827.21亿元，排名第一；上海、深

圳分列第二位、第三位。上海本地法人证券公司资产总规模为 18571.25 亿元，深圳为 16075.41 亿元，北京位列第三。北京本地法人保险公司资产规模为 74441.46 亿元，深圳、上海分列第二位、第三位。北京在银行业、保险业资产规模方面具有优势，上海、深圳在证券业资产规模方面具有优势。

④金融开放比较。根据第十期中国金融中心指数的横向比较，上海外资银行在本地的分行数量为 79 个，排名第一；北京、深圳分列第二位、第三位。上海本地法人合资证券公司数量为 6 个，排名第一；北京、深圳分列第二位、第三位。北京外资保险公司在本地的分公司数量为 45 个，排名第一；上海、深圳分列第二位、第三位。上海在银行业、证券业的外资机构和合资机构方面具有优势，北京在保险业外资机构方面具有优势。

⑤金融生态比较。根据第十期中国金融中心指数的横向比较，深圳人均地区生产总值为 179102 元，排名第一；北京、上海分列第二位、第三位。北京本地上市公司家数为 308 个，排名第一；上海、深圳并列第二位。上海当年进出口总额为 4338.05 亿美元，排名第一；深圳、北京分列第二位、第三位。深圳、北京、上海分别在人均地区生产总值、上市公司数量、国际贸易规模方面具有独特优势。

2. 区域性金融中心对比分析

第 26 期全球金融中心指数共有全球 100 多个金融中心进入榜单，中国境内除上海、北京、深圳之外，还有广州、青岛、成都、大连、天津、南京和杭州等 7 座城市进入榜单。

第 10 期中国金融中心指数共有 31 个金融中心进入榜单，上海、北京、深圳保持前三位，广州、杭州、成都、天津、南京、重庆和武汉 7 个区域性金融中心位列第四位至第 10 位。

在上述两个金融中心指数中，进入榜单前 10 位的境内金融中心名单不完全相同。因此，除了上海、北京、深圳 3 个国际性、全国性金融中心，本书选取同时进入两个榜单的金融中心，即天津、广州、成都、南京、杭州，对这 5 个金融中心的相关指标进行比较，反映中国境内区域性金融中心的发展情况（见表4.5）。

表 4.5 5 个区域性金融中心的相关指标比较

项目	具体指标及单位	天津	广州	杭州	南京	成都
金融绩效	金融业增加值数额（亿元）	1793.57	1809.37	982.00	1241.76	1415.60
	金融业增加值三年平均增长率（%）	11.34	16.67	5.43	14.40	14.73
	金融业增加值占当地地区生产总值的比例（%）	10.03	9.26	8.68	11.82	11.63
金融人才	金融从业人员总数（万人）	21.63	16.00	12.06	4.44	12.23
	金融从业人员三年平均增长率（%）	11.60	2.91	9.24	7.96	20.38
	金融从业人员占常住人口比重（%）	1.38	0.84	1.31	0.54	0.77
银行业	本地法人商业银行数量（个）	8	3	9	7	3
	本地法人商业银行资产总规模（亿元）	19718.83	31530.49	25060.78	28205.96	10340.96
	存款余额占地区生产总值比重（%）	166.4	238.9	290.6	262.6	247.8
	贷款余额占地区生产总值比重（%）	169.9	158.8	233.1	214.8	204.2
证券业	本地法人证券公司数量（个）	1	3	3	2	4
	本地法人证券公司资产总规模（亿元）	554.45	4251.04	1107.14	4049.84	1076.98
	证券营业部家数（个）	153	281	273	153	212
	本地证券交易量与地区生产总值之比（%）	86.3	240.1	467.9	278.3	233.5
	境内股票市场累计融资量与地区生产总值之比（%）	5.3	12.2	17.3	23.0	9.9
	本地法人基金公司数量（个）	1	2	3	0	0
	法人基金公司资产管理规模（亿元）	17892.95	474.96	464.54	0	0

续表

项目	具体指标及单位	天津	广州	杭州	南京	成都
保险业	保险深度（%）	3.04	5.24	5.05	5.96	6.86
	保险密度（元/每人）	3629.14	7775.34	6693.07	8373.73	5934.56
	本地法人保险公司数量（个）	7	5	3	3	3
	本地法人保险公司资产规模（亿元）	4882.21	1094.61	389.18	358.02	2542.92
	保费收入（亿元）	565.01	1127.30	633.70	697.95	952.20
租赁业	融资租赁机构数量（个）	1580	286	175	32	12
金融开放	外资银行在本地的分行数量（个）	24	33	12	8	14
	外资银行在本地的营业性机构数量（个）	57	78	32	22	37
	本地法人合资证券公司数量（个）	0	0	0	0	0
	国外证券公司在本地的代表处数量（个）	0	0	0	0	0
	本地法人合资基金管理公司数量（个）	0	1	0	0	0
	外资保险公司在本地的分公司数量（个）	15	34	23	31	22
	本地法人合资保险公司数量（个）	3	2	1	2	0
	外资保险公司在本地的代表处数量（个）	2	8	2	1	4
金融生态	人均地区生产总值（元）	119441	148314	132615	140553	86565
	第三产业增加值（亿元）	10787	15254	7857	6997	7390
	本地上市公司家数（家）	49	97	126	77	70
	执业律师数（人）	5863	10852	6343	3591	10025
	注册会计师（CPA）数（人）	1978	3494	3443	1844	5116
	当年实际利用FDI总额（亿美元）	176.36	57.01	72.09	34.79	60.05
	当年进出口总额（亿美元）	1026.51	1338.68	679.92	502.12	409.85

资料来源：中国综合开发研究院发布的中国金融中心指数 CDI CFCI 报告（第十期）。

（1）金融产出比较。根据第十期中国金融中心指数的横向比较，广州金融业增加值为 1809.37 亿元，天津金融业增加值为 1793.57 亿元，分别排名第一位、第二位；成都、南京、杭州分列第三位、第四位、第五位。广州、成都金融业增加值三年平均增长率分别为16.67%、14.73%，排名第一位、第二位；南京、天津、杭州分列第三位、第四位、第五位。南京、成都的金融业增加值占当地地区生产总值的比例分别为11.82%、11.63%，排名第一位、第二位；天津、广州、杭州分列第三位、第四位、第五位。广州、天津在金融业增加值上具有优势。广州、成都在金融业增加值增速上具有优势。南京、成都的金融业增加值占地区生产总值比重高于其他3个城市。

（2）金融人才比较。根据第十期中国金融中心指数的横向比较，天津金融从业人员总数为21.63万人，广州金融从业人员总数为16万人，排名第一位、第二位；成都、杭州、南京分列第三位、第四位、第五位。成都、天津金融从业人员三年平均增长率分别为20.38%、11.60%，排名第一位、第二位；杭州、南京、广州分列第三位、第四位、第五位。天津、杭州金融从业人员占常住人口比重分别为1.38%、1.31%，排名第一位、第二位；广州、成都、南京分列第三位、第四位、第五位。天津、广州在金融人才数量上具有优势。

（3）金融体系比较。根据第十期中国金融中心指数的横向比较，广州、南京本地法人商业银行资产总规模分别为31530.49亿元、28205.96亿元，排名第一位、第二位；杭州、天津、成都分列第三位、第四位、第五位。广州、南京本地法人证券公司资产总规模分别为4251.04亿元、4049.84亿元，排名第一位、第二位；杭州、成都、天津分列第三位、第四位、第五位。天津、成都本地法人保险公司资产规模分别为4882.21亿元、2542.92亿元，排名第一位、第二位；广州、杭州、南京分列第三位、第四位、第五位。广州、南京在银行业、证券业资产规模方面具有优势，天津、成都在证券业资产规模方面具有优势。

（4）金融开放比较。根据第十期中国金融中心指数的横向比较，广州、天津外资银行在本地的分行数量分别为33个、24个，排名第一位、第二位；成都、杭州、南京分列第三位、第四位、第五位。广州合资基金管理公司数量为1个，排名第一位；其他四个城市为0个。广州、南京外资保险公司在本地的分公司数量分别为34个、31个，排名第一位、第二位；杭州、成都、天津分列第三位、第四位、第五位。广州、天津在银行业外资机构方面具有优势；广州在证券业合资机构方面具有优势；广州、南京在外资保险机构方面具有优势。

（5）金融生态比较。根据第十期中国金融中心指数的横向比较，广州、南京人均地区生产总值分别为 148314 元、140553 元，排名第一位、第二位；杭州、天津、成都分列第三位、第四位、第五位。杭州、广州本地上市公司家数分别为 126 个、97 个，排名第一位、第二位；南京、成都、天津分列第三位、第四位、第五位。广州、天津当年进出口总额分别为 1338.68 亿美元、1026.51 亿美元，排名第一位、第二位；杭州、南京、成都分列第三位、第四位、第五位。广州、南京在人均地区生产总值上具有优势；杭州、广州在本地上市公司数量上具有优势；广州、天津在国际贸易上具有优势。

三、国际、国内金融中心比较对金融创新运营示范区的启示

（一）国际金融中心比较对金融创新运营示范区的启示

1. 健全金融体系，促进各金融业协调发展

健全金融体系，就是要在保持地区竞争优势的前提下，促进银行业、证券业、保险业以及新金融业协调发展。健全的金融体系，是发挥地区比较优势的依托，是把天津建设成为与金融创新运营示范区相适应的金融体系和全国金融改革创新基地的保障。一是要吸引国内外银行分支机构和后台服务机构进驻天津；二是完善保险业，改变保险服务同质化严重、保险产品类别不丰富的现状；三是要积极推进金融创新，不断推出新的金融服务和金融产品，推动天津金融业的发展。

2. 加快人民币国际化进程

人民币国际化是天津建设金融创新运营示范区的必由之路，而天津金融创新运营示范区的建设有利于加快人民币国际化的进程。建设金融创新运营示范区可有效提高跨境人民币结算量，推动人民币国际化进程。

3. 推进本地区金融、航运、贸易的协同发展

从地理位置来看，处于国际金融中心的城市同时具有国际贸易和航运的优势，而且三者是相互促进的。因此，天津要利用好自身地理优势，借助自贸区试验和金融先行先试这一良机，推进金融、贸易和航运的协同发展。

4. 密切关注各类金融风险的防范

直到现在，全球经济还没有完全摆脱滥用金融创新导致的国际金融危机的影响。随着金融创新运营示范区建设步伐的加快，金融自由化和金融创新带来的金融风险集聚也是不容忽视的问题。因此，需要提高风险防范意识，完善风险管控手段。为此，政府和相关部门应首先建立风险预警体系，加强对风险的监测，做到早发现、早处置，强化风险评估及管理手段，同时培养高端风险管理人才，以提高金融业整体风险管理水平。

（二）国内金融中心比较对金融创新运营示范区的启示

1. 加快对外开放进程，完善金融创新运营示范区建设

对外开放是金融发展的基础。一是加强金融环境建设，维护金融债权，为引进境外金融机构提供制度上的支持；二是引进和培育金融人才，制定吸引高端金融人才的政策；三是加大引进金融机构的力度，在发展金融外包服务、引进金融机构后台运营部门的基础上，制定相应的优惠政策，促进金融机构其他业务部门的进驻。

2. 促进金融资源聚集，提高金融创新质量

促进金融资源聚集、提高金融创新质量是当前金融创新运营示范区建设的重要举措。一是加快各种优惠政策落地，营造适合金融产业发展的良好环境，吸引金融机构进驻，使天津特别是滨海新区成为金融产业聚集地。二是通过金融创新提高金融发展质量，同时鼓励中心企业进行产品和业务的创新。三是开展中小企业融资市场建设，推动天津金融市场发展。

3. 发挥比较优势，以城市带动区域发展

随着环渤海经济圈建设的顺利推进，天津作为中心城市，其区域优势无可争议。金融创新运营示范区的发展及其规划目标的实现离不开天津经济发展水平的提高。只有天津经济强劲增长，才能保障金融创新运营示范区加速高质量发展。具体来看，第一，优化、调整天津的产业结构，尽快形成对金融创新运营示范区有重大支撑作用的产业集群；第二，利用滨海新区建设的契机，实现天津市区和滨海新区高效无阻的联系；第三，建立高科技产业为龙头，基础产业为支撑，金融业、物流业、信息业为纽带，多种产业良性发展的格局，为把天津建设成与北方经济中心相适应的金融改革与创新平台和载体奠定必要的产业基础。

4. 制定差异化发展战略

当前各个地区同质化竞争的局面下，差异化发展能够避免恶性竞争和低效率竞争，提升竞争效率。加快金融创新运营示范区的发展要做到以下几个方面：一是根据天津城市发展现状和潜力，发挥融资租赁市场和航运金融的相对优势。二是加快 OTC 市场的发展，依托天津股权交易所，整合环渤海地区的资源，在天津建设北方地区有影响力的金融市场。三是加强中小企业融资市场建设，缓解天津以及周边地区中小企业融资难的问题。

第五章　金融创新运营示范区的目标定位和评价体系

"十三五"时期是加快实现天津定位的冲刺期，是贯彻国家多重战略大有作为的机遇期，是区域经济发展步入新常态的演化期。在经济增速换挡、发展方式转变、经济结构调整、增长动力革新的新条件下，推动符合植根、适应、引领新常态要求的金融改革创新，是规划天津金融业发展的逻辑起点。当前既要预见经济发展新趋势下内生金融需求和改革、技术红利下金融供给创新的出现，又要洞悉经济增速下调、隐性风险显性化的短期挑战和金融体系形态更高级、结构更复杂、分工更细化下平衡效率与监管的持续难题，以期规划好天津金融发展，服务好经济新常态，实现好国家战略和天津定位。

一、金融创新运营示范区的目标定位

（一）总体思路

"十三五"时期，天津将以党的十八大和十八届二中、三中、四中全会及习近平总书记系列讲话精神为指导，全面推进天津金融改革创新，加快建设与北方经济中心和滨海新区开发开放相适应的现代金融服务体系与金融创新运营示范区。坚持市场决定、创新驱动、开放引领、服务导向原则，以京津冀协同发展等国家重大战略需要为出发点，以市场化配置金融资源为改革主线，更加注重系统性、引领性的金融体制机制创新，更加注重以天津自贸区为平台的金融开放合作，更加注重金融业与实体经济的良性互动发展，推动若干重点领域和关键环节取得新突破。进一步拓展金融市场的广度和深度，不断提升金融服务经济社会发展的能力，持续增强金融业竞争力，加快构建更具市场化、民营化、国际化特色的天津金融新格局。全面提升金融业发展质量和效益、资源配置效率和服务实体经济的能力，加快实现中央对天津的定位要求。

（二）目标定位

"十三五"时期，金融创新运营示范区将立足天津、依托京津冀、服务国内、面向全球，以金融制度创新为核心，积极构建与国际金融投资和业务规则体系相适应的行政管理体系，大力发展金融总部和新型金融业态，加快探索资本项目可兑换和金融服务业全面开放，创新金融监管服务模式，努力形成促进金融投资和金融创新的政策支持体系，促进跨区域金融、金融与科技等维度的重构交融，加强区域金融功能集成，积极承接首都金融管理功能（银保监会、证监会、大中型金融机构总部及其职能部门、新设部门）转移，探索构建京津冀金融合作新体制，培育法治化、国际化的金融营商环境，力争在 2020 年建成具有国际水准、金融投资服务便利、货币兑换自由、金融监管高效、金融合作领先、管理功能突出、金融科技融合、金融法制规范的金融创新运营示范区，为我国深化金融改革开放探索新思路、积累新途径，更好地服务于国家战略，为在京津冀地区建成具有金融业营商环境国际化、金融运行机制高度市场化、区域金融活动深度同城化、金融机构和金融要素市场集群化、金融运营与监管大数据化特征的现代化北方金融中心深挖新潜力、构筑新桥头，更好地支持区域崛起。

从金融创新运营示范区的建设路径来看，2015 年，天津将以金融创新运营示范区建设为核心，协同推进现代金融集聚区、北方金融中心核心区、金融支持产业升级引领区建设。2017 年，天津基于现代金融服务体系和金融先行先试的比较优势与特色优势，提升区域金融创新、开放合作、示范引领的功能地位，建成市场化水平高、开放创新能力强、示范引领效果好、与实体经济发展相适应的金融创新运营示范区，成为辐射亚太的人民币投融资集聚地。2020 年，天津将成为金融业营商环境国际化、金融运行机制高度市场化、京津冀金融活动深度同城化、金融机构和金融要素市场集群化、金融运营与监管大数据化的现代化金融创新运营示范区。"十三五"时期，天津金融业目标定位中蕴含着四个主题词。

1. 开放交融

"十三五"时期，天津将立足国际视野，构筑遵循市场规则、市场价格和市场竞争的现代金融服务体系。以开放激发活力，借鉴全球知名自贸区经验，实行外资准入前国民待遇和负面清单管理模式，扩大金融业对外开放。加快金融包容性发展，扩大金融业对内开放，支持民营资本进入金融业，形成内外资交融、联动发展的新局面，最终以更高标准的金融开放促进京津冀地区与自贸区接轨，使整个区域共享改革红利。

2. 金融创新

"十三五"时期，天津将向纵深推进金融工具、市场、机构、业务流程、理念创新，努力在金融原创和创新扩散中保持全国前列。依托天津制造业发达、研发能力强和比邻首都科技创新中心的条件，促进金融与新兴产业融合，拓宽金融产业链，创新金融产品和运营模式。依托自贸区试验优势，加快构建境内外投资者共同参与，交易、定价和信息功能较强的跨境金融业务先行区。

3. 运营服务

"十三五"时期，天津将依托区域实体经济崛起和体制机制创新，为金融运营服务提供广阔的市场机遇和优越的营商环境。构建与国际高标准投资和金融规则体系相适应的管理和服务模式，为金融业投资、运营、创新提供更具竞争力的服务。在壮大租赁、基金、交易、结算等运营中心优势的同时，形成更具含金量的金融运营中心，为金融创新运营示范区夯实基础。

4. 示范引领

"十三五"时期，天津将加快金融业从金融改革创新向金融创新示范升级，从单纯要素保障向综合服务功能转变，力争成为北方金融创新示范枢纽城市。加快大型金融机构、跨国公司、创新型机构总部、金融市场业务和金融业高端人才的集聚，提升金融创新能级，丰富现代金融业态。通过开展可复制、可推广、可升级的金融创新活动，不断扩大金融服务的市场范围，向周边乃至国际市场扩散金融创新、业务、标准、知识和人才，增强天津金融的影响力和话语权，在国家协同发展战略和互联互通中挖掘机遇、作出贡献。

（三）空间布局

如图 5.1 所示，"十三五"时期天津金融创新运营示范区的发展，在空间布局上要努力形成天津金融改革创新"两区一带"（"两区"分别指滨海新区于家堡金融区，以及未来位于武清、宝坻的京津冀金融合作示范区；"一带"是指河西区友谊路金融聚集带）的新格局，以"两区一带"的率先发展、错位发展、协同发展和示范发展，主动服务"十三五"时期天津金融创新运营示范区建设。

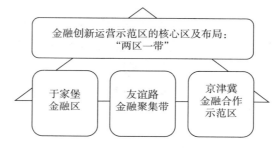

图 5.1　金融创新运营示范区的空间布局

1. 于家堡金融区

于家堡金融区是滨海新区中心商务区乃至滨海新区空间位置的中心区，位于滨海新区"一轴""一带"交会点，交通便捷，区位优势突出。于家堡是中心商务区经济功能的核心区，作为创新型金融服务主导的现代综合金融区，将以其金融主业地位提升滨海新区的经济功能。于家堡金融区定位于滨海新区中心商务区的核心区，国家级产业金融中心，全国领先、国际一流、功能完善、服务健全的金融改革创新基地，亚太经合组织（APEC）低碳示范城镇。2014 年末，包括于家堡金融区等重点区域在内的天津自贸区获批。未来，于家堡金融区将重点探索金融制度创新，争取设立自由贸易账户体系，推进人民币跨境使用、利率市场化、外汇管理制度改革。

2. 友谊路金融聚集带

中央对于天津自贸区的要求是"可复制、可推广、可升级"。可复制、可推广意味着必须实行更高要求的开放（涉及准入前国民待遇和负面清单），要有更高水平的开放（涉及公平竞争政策、知识产权保护、劳工标准、贸易与环境关系），要有更加严格的开放（涉及投资保护）。实现京津冀与天津自贸区金融制度创新的接轨，应从大处着眼，小处着手，从天津市内优势地区开始。河西区友谊路金融聚集带是天津市区的首要金融区之一，拥有金融基础牢、结构优、潜力足的优势禀赋，未来这一地区与自贸区的接轨并不需要执着于"自贸区"这个头衔，而要在改革凸显、谈判突破、政策突围过程中，主动实施更高标准的开放，形成更具竞争力的营商环境。特别是应发挥河西区（经天津大道）连通滨海新区、毗邻空港自贸区的优势，率先布局对外商投资实行准入前国民待遇加负面清单管理，对境外投资项目实行备案管理，以切实行动为京津冀与自贸区接轨作出示范和表率。

3. 京津冀金融合作示范区

京津冀金融合作示范区承载着加快推进京津冀金融深度合作、服务首都非核心功能疏解、积极承接国家金融管理功能、力争建成国家金融管理中心和区域金融深度合作示范窗口的重要任务，在"十三五"金融创新运营示范区建设发展蓝图中具有重要的地位。天津将依托自身的金融制度创新优势和首都金融资源、科技创新优势，将金融创新运营示范区建成中国北方最重要的金融创新基地、金融开放门户、京津冀金融创新共同体的核心区和试验田。其一，在金融创新运营示范区开展与京津冀投资以及金融、商贸、物流、信息等现代服务活动同城化、便利化相适应的金融创新。其二，参与全国中小企业股份转让系统（新三板）建设扩容，力争承接新三板更多功能。加强京津冀地区创新型市场领域的交流合作，推动同类型市场并购、联合，形成国际化、集群化金融要素市场。其三，探索京津冀共建离岸金融市场，支持金融企业在该市场中建立定位于国际金融业务的分支机构，以专业能力和定制服务支持北方企业发展。

（四）实施关键

1. 明确主方向

主动顺应经济新常态的趋势，全面推进市场化改革、依法治国等中央部署，围绕京津冀协同发展等国家战略，以"实现两个便利、打造两个升级版"为目标，以创建金融创新运营示范区为导向，以深化金融体制机制改革为重点，以金融服务实体经济发展为核心，充分发挥市场在金融资源配置中的决定性作用，加快转变金融发展方式，增强金融业的运营效率和核心竞争力。

2. 把握着力点

密切结合京津冀协同发展、自贸区建设、现代服务体系发展等重点工作，以建设金融创新运营示范区为着力点，加快建立传统金融、现代金融和新金融相结合的金融创新体系，功能健全、服务完善、效率突出的金融运营体系，市场化、法制化、国际化的金融服务体系。

3. 明确落脚点

以健全金融创新和金融示范引导为落脚点，全面推进金融机构、金融市场体系建设，努力形成多元化、便利化、国际化、综合化的现代金融服务体系。以做强本地金融法人机构为重点，加快金融产品和服务模式创新，切实提升金融业的资源集聚、综合集成和市场竞争能力，使天津逐步发展成为辐射北方的金融创新和示范引领枢纽。

4. 挖掘成长点

深化国有企业改革，大力推进企业资金集中管理，调整资金结构，盘活存量，提升资金使用效率。加快推进租赁业发展，充分发挥其在促进高端装备制造业发展等方面的作用。支持企业进行直接融资，降低企业融资成本，解决社会融资结构问题。

5. 构建保障点

健全完善与金融创新和运营服务相配套的金融风险防范体系。制定相关政策，加强对产能过剩行业、房地产、政府融资平台等重点领域的风险防控，充分发挥区域金融监管体系和监管协调联动机制的作用，构建立体化、网格化的风险防控体系，维护区域金融稳定。

（五）重点领域

"十三五"时期，金融创新运营示范区需紧密围绕面向世界、示范全国、促进协同发展的战略要求和完善天津功能定位的战略任务，按照先行先试、风险可控、分步推进、逐步完善的方式，将扩大开放和深化改革相结合，将营造环境和培育功能相结合，将示范引领和复制升级相结合，形成与国际金融运营、监管规则相互衔接的金融制度框架，形成与金融创新示范要求相契合、比现行政策更加特殊的先行先试政策体系，形成与服务实体经济转型升级要求相适应的金融创新运营示范区功能。

1. 加快金融制度创新

围绕金融为实体经济服务、促进贸易与投资便利化的目标，在风险可控的前提下创造条件，加快金融制度创新。在借鉴国际金融中心、离岸金融中心经验，复制升级现有自贸区、综合配套改革试验区制度创新成果的基础上，结合本地特点，在扩大人民币跨境使用、探索投融资汇兑便利（人民币资本项目可兑换）、推进人民币利率市场化、深化外汇管理改革等方面进一步探索新的试点内容。

2. 促进金融对外开放

围绕金融服务业全面开放的目标，推动金融创新运营示范区的金融机构、金融要素市场等各类金融业态在更高平台上、更开放的环境中、更市场化的规则下参与全球金融资源配置竞争。立足金融创新运营示范区的示范引领定位，借鉴吸收国内外自贸区以及 CEPA 和 ECFA 框架下外资（含港澳台）金融机构投资管理的创新成果，争取金融管理部门的批准，允许不同层级、功能、种类的金融机构进入天津自贸区，支持在自贸区内建立面向国际的交易平台，开展多层次金融服务。

3. 创建金融管理中心

按照京津冀协同发展、谱写新时期社会主义现代化京津"双城记"的战略安排，深入研究国际上国家行政副中心形成演变的成功经验，参与疏解非首都北京的核心功能，承接全国金融管理功能转移，逐步将天津建成国家金融管理中心。其中，金融管理机构包括银保监会、证监会、大中型金融机构总部及其下属的职能部门和新设部门。提前部署武清、宝坻作为承接北京疏解金融管理功能重点区域的专项规划，以扎实的准备、独特的区位、优质的服务和完善的配套，吸引金融监管机构、大中型金融机构总部等向毗邻首都的京津冀金融合作示范区疏解，形成国家金融管理中心。

4. 引领金融协同发展

围绕京津冀协同发展的目标，加快京津冀金融合作和京津金融同城化发展，着力将金融创新运营示范区建成京津冀乃至全国金融业"走出去、引进来、转方式、促升级"的重要窗口。建成区域金融综合服务平台和北方首要的金融创新基地，以更加新颖、高效的金融服务支持国内外企业和个人参与京津冀协同发展、"一带一路"建设和基础设施互联互通。以更高标准的金融开放和更加便捷的金融服务促进京津冀地区与自贸区接轨，使整个区域共享改革红利，实现协同发展。着力于在比邻首都区域规划、建设京津冀金融合作示范区，开展京津冀金融创新共同体、金融深度同城化、金融大数据管理等领域的前瞻性试验。

5. 强化租赁特色优势

围绕建成全国领先、世界知名的租赁业集聚区的重任，加快金融创新运营示范区金融租赁、融资租赁率先示范发展。依托天津机遇政策叠加和租赁产业优势，争取在金融创新运营示范区实行比国内其他自贸区、综合改革创新区更加特殊的租赁业先行先试政策。完善租赁全产业链，建设全国租赁创新运营中心。依托金融开放优势，以跨境融资和交易为核心，构建境内外一体化的租赁产业平台，逐步形成规模达万亿元的世界级租赁业集聚区。

二、金融创新运营示范区的评价体系

近年来，科学管理和量化评价方法在城市开发运营中的应用日益广泛。2013 年 4 月，天津率先发布《天津城市定位指标体系》，开启国内量化、监测、考核城市奋斗目标的新风。目前，国内外现有金融中心指数，如全球金融中心指数（GFCI）、新华—道琼斯国际金融中心发展指数（IFCD Index）等主要应用于衡量相对成熟的金融中心城市间的竞争力，不能完全适用于处在快速成长期、秉承特定发展思路和要求、突出金融创新示范核心功能的天津金融业的测度和评价。因此，需要紧密围绕金融创新运营示范区发展定位目标，构建一个全面、客观、完善的衡量金融创新示范能力的评价指标体系，进一步明确、深化、集成示范区的内涵和奋斗目标，为观测和督导示范区先进发展理念落实水平提供标准与依据，为客观记录示范区发展轨迹、预测示范区景气状况及开展跨城市的横向比较创造条件。

（一）构建评价体系的目标

金融创新运营示范区评价体系力图科学、全面、精准、动态度量金融创新运营示范区发展建设情况的评估体系，该研究的起点和归宿是观测、记录和评估天津金融业运营效率和创新能力。

1. 明确、集成、深化金融创新运营示范区的内涵和定位目标

金融创新运营示范区建设评价体系的构建，必须紧密结合金融创新运营示范区的内涵、发展定位和奋斗目标，以真实、客观、准确地反映示范区的建设和发展情况，为示范区的进一步发展提供参考依据。

从内涵来看，金融创新运营示范区是指一个区域内在金融创新和运营服务功能上呈现交融开放特征、处于创新引领枢纽地位的城市。天津建设金融创新运营示范区将在充分汲取现有现代金融服务体系建设经验和成果的基础上，着重提升金融创新能力和运营服务能力，集聚于天津、服务京津冀、辐射中国北方、面向海内外，呈现交融开放特征；从示范区的功能定位角度来看，金融创新运营示范区的建设和发展要与京津冀协同发展的国家战略相配合，特别是处理好与北京在金融分工与协作中的关系。北京处于北方金融中心的第一层次，是区域内金融管理中心、资金调控和清算中心，以及信息交流中心。天津处于北方金融中心的第二层次，作为现代制造中心、国际航运中心和（全国）金融改革创新基地，天津的金融功能应偏重于资金营运或操作层面，强调金融创新示范和金融资源配置等功能。

近年来，天津加快现代金融服务体系的建设步伐，取得了一定的成果，但是与北京、上海、深圳等金融中心城市相比，差距仍然十分明显，具体体现在金融机构总部较少、创新动力不足等方面。因此，需加快金融机构和金融人才在津集聚，完善金融市场结构，优化金融生态环境，为金融创新运营示范区的建设和发展奠定基础。金融创新运营示范区的着力点在于加强金融创新和运营服务功能，并利用京津冀协同发展和自贸区试验的机遇，实现天津金融业的集聚与开放。

2. 科学、客观、全面测度金融业创新示范能力

综合运用包括统计分析、专家打分、问卷调查在内的一系列定量和定性研究工具，在深度解释现象、把握科学规律方面作用十分显著，可以大大提升应对各种问题的效率。在金融创新运营示范区建设发展过程中，建立科学、全面、精准、动态的发展评价指标体系，可以及时了解示范区的发展情况，为进一步促进示范区的发展、提升天津金融业创新运营能力、加快实现天津金融业发展定位目标提供信息支持和参考。

3. 为观测督导天津金融业定位目标实现水平提供标准

金融创新运营示范区是天津金融业又一重要定位目标，因此应通过构建金融创新运营示范区发展评价指标体系，力争从多个角度、多个层次客观描述天津金融创新运营示范区情况，从而间接反映天津金融业整体发展轨迹和行业景气情况，为预判金融业发展前景、衡量天津金融业定位目标的实现水平提供标准和依据，并为推动天津金融业持续健康发展提供科学评估工具。

（二）国内外研究综述

金融创新运营示范区是指一个区域内在金融创新和运营服务功能上呈现交融开放特征、处于创新引领地位的枢纽城市。因此，金融创新运营示范区属于区域金融发展的一种特殊形式。从理论研究的成果来看，国内外大量的专家和学者以及研究机构对金融中心进行了深入研究，并通过构建指标体系对各地金融中心进行了客观的评价和比较。

1. 国外相关研究综述

Reed（1981）开启了量化评价金融中心的先河，利用成簇分析法对

76 个城市的金融发展水平进行了比较，并根据分析结果进行了排名。Abraham、Bervaes 和 Guinotte（1994）在竞争力视角下对除美国以外的 37 个国际金融中心竞争力表现进行了研究。Liu 等（1997）在 Reed 和 Abraham 研究的基础上，利用层次成簇分析法和主要因素分析法对亚太地区包括上海在内的众多金融中心进行了排名，并寻找了主要影响因素。Choi 等（2003）利用最小二乘法和非线性加权最小方差等回归分析方法，根据 1970 年、1980 年、1990 年和 2000 年的数据，把全球最大的 300 家银行在 14 个金融中心不同类型的办事处数量以及这些金融中心吸引办事处的理由进行了排名。全球金融中心指数（GFCI）由英国智库 Z/Yen 集团与中国（深圳）综合开发研究院共同编制，从营商环境、人力资源、基础设施、发展水平、国际声誉等方面对全球主要金融中心进行评价和排名。

2. 国内相关研究综述

随着我国金融业的快速发展和进步，我国学者也开始通过构建指标体系的方法对各城市金融发展情况进行量化比较分析，但在具体指标的选取上有所不同。李虹和陈文仪（2002）选取了金融规模和金融国际化程度作为金融中心的评价指标。胡坚和杨素兰（2003）从经济指标、金融指标和政治指标出发，利用纽约、东京、伦敦、新加坡、中国香港、首尔、上海和泰国这八个国家与地区的数据进行回归和参数检验，最后发现上海在全球国际金融中心的发展中仍存在差距。张泽慧（2005）认为国内的霸主地位、金融中心的流动性、金融的集中度、资本的安全性也是构成金融中心指标体系的重要因素。综合开发研究院（中国·深圳）（CDI）根据我国金融中心发展以及我国统计体系的实际情况，编制了我国金融中心竞争力评价的指标体系，即"CDI 中国金融中心指数（CFCI）"，以金融产业绩效、金融机构实力、金融市场规模、金融生态环境等五个指标体系为考量进行排名，对我国金融中心的发展状况进行客观的评价。

（三）评价体系的构建

1. 构建原理

基于以上相关理论研究成果，我们充分借鉴了全球金融中心指数（GFCI）、新华—道琼斯国际金融中心发展指数（IFCD INDEX）、中国金融中心指数（CDI CFCI）、上海金融景气指数等国内外知名指数的原理方法，包括指标体系和计算方法，最终确定采用纵向比较的综合评价指数方法构建金融创新运营示范区建设评价体系。综合评价指数是将普通综合评价法与普通加权算术平均指数相结合的方法，原理如下。

第一，金融发展是一个包含多种维度的复杂概念，难以直接量化，需要用到综合评价法的原理，即首先设计出能够反映和评价金融创新运营示范区的指标体系，该指标体系按照金融中心的建设目标定位分解，确保最后一级指标能够直接测量，然后反方向加总各指标得分，实现综合评价。

第二，首先将各方面各要素的子要素指标单独计算指标指数，然后利用加权算术平均的方法加总各子指数，从而得到天津金融发展指数，综合评价示范区的建设发展情况。

2. 框架结构

金融业发展离不开资金和人力两种资源的使用，金融机构是人才、资金和产品的主要载体。金融业发展直接表现为金融市场总量扩张以及市场深度和广度的延展，而金融改革创新将为金融业发展注入活力。金融业的发展同样离不开良好的金融生态环境，如中介服务、政府服务、营商环境、居住环境等。大量新兴市场经济内部金融业的发展经验业已表明，区域金融发展除了内生动力，也需要有政府部门的积极推动。地区金融业与政府战略一致时，往往将为这一地区金融业的发展创造更加优越的条件。因此，金融创新运营示范区评价体系主要分为五个方面，分别是金融市场、金融机构、金融人才、金融创新以及金融生态环境。

金融创新运营示范区评价指标体系采用系统全面、主客观结合的三级指标体系，涵盖5个一级指标、35个二级指标及103个三级指标，具体如图5.2所示。

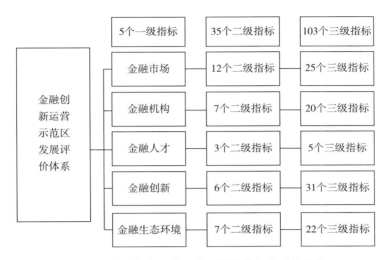

图 5.2　金融创新运营示范区评价指标体系的结构

第一，金融市场。金融市场是金融工具交易的场所，也是金融创新的场所，主要包括股票市场、债券市场、货币市场、保险市场、期货市场、基金市场、外汇市场、黄金市场、信托市场、银行卡市场等。金融市场是金融发展最直接的体现，可从金融市场规模、发展质量、市场参与者和国际化程度等方面进行衡量，具体包括 10 个子市场和市场总量、金融开放等 12 个二级指标。

第二，金融机构。金融机构是从事金融服务业的有关金融中介机构，包括银行、保险、证券、期货、共同基金和信托公司等。金融机构的发展状况是金融业发展的重要方面，可以通过机构数量、资产规模、收入水平和盈利能力等加以衡量，具体包括 6 个子行业、机构总量等 7 个二级指标和 20 个三级指标。

第三，金融人才。金融人才为金融发展提供智力支撑。现代金融业的发展创新了众多的金融工具和相关产品，这些金融工具及其产品的开发和销售都需要高素质的金融人才。因此，我们选取了人才总量、人才质量和人才引力 3 个二级指标，并下设 5 个三级指标。

第四，金融创新。金融创新不断为金融业发展提供动力，也是建设金融创新运营示范区的重要支撑，其中既有金融业自身主导的金融创新，如机构创新和产品创新；也有政府主导的金融改革创新，如重大创新试点、市场创新。此外，还要考虑影响金融创新的内部和外部要素。因此，该指标包含 6 个二级指标和 31 个三级指标。

第五，金融生态环境。金融创新运营示范区的建设离不开信用环境、金融中介、产业支撑、宜居城市、物价水平、法律环境、政府服务等金融生态环境。本指标体系选取了 7 个二级指标和 22 个三级指标来全面反映和衡量天津金融生态环境情况。

3. 指标体系权重设定和计算方法

（1）权重设定。我们充分考虑金融创新运营示范区定位目标和天津金融业的战略导向，使用专家打分法设置权重。首先，结合各指标的客观重要性、金融创新运营示范区定位目标和发展方向对三个级别的指标分别赋予权重（见表 5.1）。在设置指标权重时，总体按照各个指标的客观重要程度予以赋值。

表 5.1　金融创新运营示范区建设评价体系各级指标权重

一级指标		二级指标	
指标名称	权重（％）	指标名称	权重（％）
金融市场	42	市场总量	20
		股票市场	10
		债券市场	13
		保险市场	5
		货币市场	10
		期货市场	6
		基金市场	4
		外汇市场	3
		黄金市场	3
		信托市场	9
		银行卡市场	5
		金融市场开放	12

续表

一级指标		二级指标	
指标名称	权重（%）	指标名称	权重（%）
金融机构	33	机构总量	5
		银行机构	40
		保险机构	20
		证券公司	15
		期货公司	6
		共同基金	4
		信托公司	10
金融人才	10	人才总量	40
		人才质量	35
		人才引力	25
金融创新	15	整体创新	10
		机构创新	20
		市场创新	20
		产品创新	15
		创新内部要素	25
		创新外部因素	10
金融生态环境	20	金融中介	12
		信用环境	8
		产业支撑	35
		物价水平	10
		宜居城市	5
		政府服务	20
		法律环境	10

（2）计算方法。天津金融发展指数采用自下而上逐级加权算术平均指数计算方法，具体步骤如下：

第一步，计算三级指标各指标指数。

三级指标包含主观指标和客观指标，两种指标指数的计算方法有差异：一方面，对于客观指标，三级指标包括规模、质量、比率、排名等多种类型指标，单位、含义各不相同，但各三级指标指数与上年数据做对比实现了去量纲，使指标数据标准化、可比化。三级指标计算指数还要注意区分正指标、逆指标和适度指标。正指标的值越大，表明金融发展水平越高（或对金融创新运营示范区越有利），其值越小则说明金融发展水平越低（或对金融创新运营示范区越不利）。逆指标则正好相反，其值越大，表明金融发展水平越低（或对金融创新运营示范区越不利），其值越小则说明金融发展水平越高（或对金融创新运营示范区越有利）。适度指标则不同，对适度指标而言，存在一个理论上的最优值，该指标处于这一数值时，金融发展水平处于最佳状态。在发展评价指标体系的三级指标指数计算过程中，只采用正指标、逆指标计算公式，具体公式如下：

正指标（高优指标）：

三级指标指数是当年指标原值与上年指标原值的比值，即 $y_{ijk} = x_{ijk}(t-1)/x_{ijk}(t)$，其中 x_{ijk} 是第 i 个一级指标的第 j 个二级指标的第 k 个三级指标。

逆指标（低优指标）：

三级指标指数是上年指标原值与当年指标原值的比值，即 $y_{ijk} = x_{ijk}(t)/x_{ijk}(t-1)$。

另一方面，对于主观指标，每个指标都是基于金融发展的某个要素（或方面）相较于上一年的表现进行打分，共分成严重恶化、较为恶化、无变化、较为改善、显著改善等五档。在计算指数时，这五档对应的分值分别取80%、90%、100%、110%、120%，将所有专家该年度打分计算算术平均值就得到该指标在该年度的指数。

第二步，运用算术平均值得到二级指标指数，即 $y_{ij} = \sum_{k=1}^{n_{ij}} \omega_{ijk} y_{ijk}$，其中 ω_{ijk} 为 x_{ijk} 的权重，y_{ij} 是第 i 个一级指标的第 j 个二级指标。

第三步，将二级指标指数计算加权算术平均值得到一级指标指数，即 $y_i = \sum_{j=1}^{n_{ij}} \omega_{ij} y_{ij}$，其中 ω_{ij} 为 y_{ij} 的权重，y_i 是第 i 个一级指标。

第四步，计算一级指标加权算术平均值得到金融创新运营示范区综合评价指数得分，$y = \sum_{i=1}^{n_i} \omega_i y_i$。

前四步中，所有指数都为环比指数。

第五步，计算定基指数（2006＝1000）、一级指标指数和金融创新运营示范区综合评价指数绝对数值。

$y_t = \prod\limits_{t=2006}^{t} y_t$ ，这是基期设定为 1 时的指数值。

$Y_t = y_t \times 1000$ ，这是基期设定为 1000 点时的指数值。

第六步，分析各子指数和总指数的景气程度。

景气程度实质上判断经济活动是处于上升阶段还是下降阶段，本书采用最简单的增长率法判断，依照当年增速水平（y_t）与历史平均增速（$\bar{y}_T = \sqrt[(T-2006)]{\prod\limits_{t=2006}^{T} y_t}$）和历史最高增速的比例关系划分景气程度，将景气程度划分为如下六种情景：

①正常趋涨：当年该指数增速低于过去五年历史平均增速 1.5 倍，高于过去五年历史平均增速；

②正常趋缓：当年该指数增速低于过去五年历史平均增速，高于过去五年历史平均增速 0.5 倍；

③快速增长：当年该指数增速低于过去五年历史最高增速，高于过去五年历史平均增速 1.5 倍；

④增长偏低：当年该指数增速为正，但低于过去五年历史平均增速 0.5 倍；

⑤增长趋热：当年该指数增速高于过去五年历史最高增速；

⑥不景气：当年该指数增速为负。

（3）数据来源及处理方法

①数据来源。金融创新运营示范区定位评价体系的数据遵循客观性、权威性和可操作性的原则。客观性是指收集的数据都是客观数据。权威性是指这些统计数据来源于权威部门，包括政府统计部门、金融服务办公室和中国人民银行天津分行等权威机构发布或统计的数据。可操作性是指数据来源稳定、客观真实有效、数据连续规范、口径统一，且易于采集、处理和比对。

②指数合成。利用加权算术平均方法，可以使三级指标得分加总得到二级指标得分，并进一步加总得到一级指标得分。主观指标与客观指

标按照其反映内容的一致性在二级、三级指标水平上按一定的权重进行合成。

③缺失及异常数据处理方法。一是缺失数据的处理方法。缺失数据采用不参与计算或者插补的方法。插补的具体方法是采用增长线性插补法，即假定缺失数据年份与相邻年份增长速度一样。二是异常数据的处理方法。某些指标成分从无到有或者从很小数值大幅增长，导致该指标指数无法计算或者该指标指数得分过大，造成整个指数得分过高，不能如实反映金融发展情况。对于这类指标，本书不将其纳入计算。

三、金融创新运营示范区的发展评价

（一）整体评价

本书运用天津金融发展指数，按照具有可比性的口径指标和数据，再经过全面统计和系统的分析，测度了 2006—2017 年天津金融创新运营示范区发展水平。

从发展速度来看，将 2006 年作为计算基期（基期值设为 1000 点），截至 2017 年指数值达 7135 点（见表 5.2），2017 年当年增速达 6.5%（见图 5.3），年均增速达 19.6%，比天津市地区生产总值平均增速高出 5.7 个百分点，比全国 GDP 平均增速高出 6.7 个百分点。以上年为指数计算基期，景气情况能够更加清晰地识别。其中，2007 年景气程度达到最高点，较 2006 年增长 46.7%，随后在 2008 年，增速出现回落，较 2007 年增长 12.1%；2009—2011 年增速保持在 20% 以上；2012 年增速放缓，较 2011 年增长 16.0%；2013—2015 年增速保持在 18.8% 以上；2016 年增速放缓，较 2015 年增长 3%；2017 年增速有所回升，反映出金融业的周期性。

表 5.2　选取不同基期的天津金融发展指数

年份	以 2006 年为基期指数	以上年为基期指数
2006	1000	1000
2007	1467	1467
2008	1644	1121
2009	2024	1231
2010	2572	1271
2011	3098	1205
2012	3593	1160
2013	4393	1223
2014	5219	1188
2015	6503	1246
2016	6700	1030
2017	7135	1065

资料来源：作者制作。

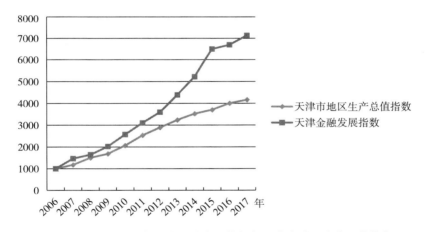

图 5.3　2006—2017 年天津金融发展指数与天津市地区生产总值指数

（资料来源：作者整理）

从指数的发展结构来看，金融市场领衔增长（2017 年达 24354 点，年均增速达 33.7%），创新水平不断提升（年均增速达 17.7%），金融机构较快发展（2017 年达 4728 点，年均增速达 15.2%），金融人才和金融生态环境平稳发展（2017 年分别达 1965 点和 1827 点，年均增速分别为 6.3% 和 5.6%），见图 5.4。

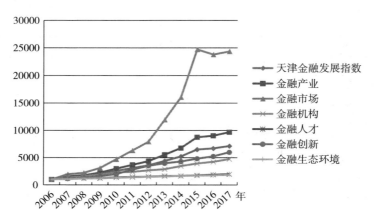

图5.4　天津金融发展指数及其一级指标的发展度曲线

（资料来源：作者整理）

从2017年景气程度来看，金融业整体平稳运行，增速较往年的平均增速略有下降。2017年同比增速为6.5%，低于过去10年的年均增速21%。金融市场仍处于调整期，2017年同比增速为2.4%，转变了2016年同比增速为负的局面，但远低于过去10年37.3%的年均增速，反映出金融市场的周期性。金融创新增长较快，2017年同比增速为14.3%，比过去10年的年均增速18%降低3.7个百分点。2017年，金融机构同比增速为11.5%，比过去10年的年均增速15.5%降低4个百分点。2017年，金融人才和金融生态环境同比增速分别为4.2%和3%，分别比过去10年的年均增速降低2.3个、2.9个百分点，见图5.5。

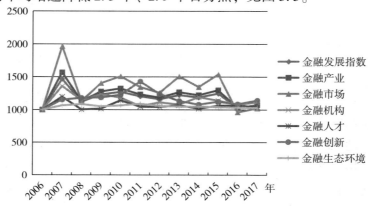

图5.5　天津金融发展指数及其一级指标的增速曲线

（资料来源：作者整理）

(二) 分项评价

1. 金融市场发展指数

金融市场发展指数由金融子市场 (10 种)、金融市场总量、金融开放等 12 个要素子指数构成。

从发展速度来看,以 2006 年为计算基期 (基期数值设为 1000 点),2017 年金融市场发展指数为 24354 点,2017 年增幅达 2.4%,过去 11 年平均增速为 33.7%,是天津金融发展指数平均增速的 1.72 倍。其中,2007 年景气程度达到最高点,较 2006 年增长 96.7%;随后,在 2008 年出现放缓迹象,但仍较上年保持了 12.8% 的增速;2009 年和 2010 年增速分别为 40.2% 和 50.8%;2011 年、2012 年、2013 年、2014 年、2015 年增速分别为 34.5%、25.6%、50.6%、34.5%、53.9%;2016 年增速为 -3.7%,首次出现下降;2017 年增速回升为 2.4%,反映出金融市场的周期调整,见表 5.3。

表 5.3 选取不同基期的天津金融市场发展指数

年份	以 2006 年为基期指数	以上年为基期指数
2006	1000	1000
2007	1967	1967
2008	2219	1128
2009	3112	1403
2010	4692	1508
2011	6311	1345
2012	7928	1256
2013	11939	1506
2014	16061	1345
2015	24713	1539
2016	23794	963
2017	24354	1024

资料来源:作者制作。

从指数发展的结构来看,过去 11 年中年均增速最快的市场是债券市场、基金市场和信托市场,指数过去 11 年年均增速超过 37.3%,高于金融市场发展指数 11 年平均增速（33.7%）。期货市场、银行卡市场、货币市场、外汇市场、股票市场、黄金市场、保险市场指数较为平稳，指数 11 年年均增速分别为 31.4%、30.1%、29.1%、26.1%、22.1%、11.2%、7.3%，低于金融市场发展指数 11 年平均增速（33.7%）。与此同时，市场总量和金融开放的年均增速分别为 19.9% 和 19.9%。

从 2017 年景气程度来看，金融市场短期调整，与往年平均增速相比有所下降。2017 年同比增速为 2.4%，较 2016 年同比增速转负为正，但低于 2006—2016 年 10 年间 37.3% 的年均增速。2017 年，信托市场、外汇市场、货币市场较快增长，同比增幅在 11.4% 以上，景气程度较高。银行卡市场、债券市场、保险市场、期货市场、黄金市场平稳运行，同比增幅低于 10%，景气程度较高；基金市场、股票市场同比增幅为负，景气程度较低。金融市场总量和金融开放同比增幅分别为 −0.7% 和 −3.8%。

2. 金融机构发展指数

金融机构发展指数由机构总量和各种机构（6 种）等 7 个要素子指数构成。

从发展速度来看，以 2006 年为计算基期（基期数值设为 1000 点），2017 年金融机构发展指数为 4728 点，过去 11 年平均增速为 15.2%，低于天津金融发展指数平均增速。其中，景气程度在 2007 年达到高点，较 2006 年大幅增长 35.8%；随后，在 2008 年增长趋势放缓，但仍比上年增长 14.7%；2009 年和 2010 年增速较高，分别为 23.3% 和 18.4%；2011 年、2012 年、2013 年、2014 年、2015 年、2016 年增速分别为 5.7%、11.3%、8.1%、19.3%、13.9%、7.8%，2017 年增速为 11.5%，见表 5.4。

表 5.4 选取不同基期的天津金融机构发展指数

年份	以 2006 年为基期指数	以上年为基期指数
2006	1000	1000
2007	1358	1358
2008	1558	1147
2009	1921	1234

年份	以 2006 年为基期指数	以上年为基期指数
2010	2275	1184
2011	2405	1057
2012	2677	1113
2013	2893	1081
2014	3452	1193
2015	3933	1139
2016	4240	1078
2017	4728	1115

资料来源：作者整理。

从指数发展结构来看，过去 11 年间年均增速最快的机构分别是共同基金、保险机构，指数 11 年年均增速均超过了 19.3%，高于金融机构发展指数 11 年平均增速（15.2%）。证券公司、银行机构、期货公司、信托公司发展较为平稳，指数 11 年平均增速分别为 15%、14.5%、10.7%、0，低于金融机构发展指数 11 年平均增速（15.2%）。机构总量过去 11 年的平均增速为 7.5%。

从 2017 年景气程度来看，金融机构增长平稳，平均增速较 2016 年略有下降。2017 年同比增速为 11.5%，比过去 10 年平均增速（15.5%）下降 4 个百分点。共同基金、保险机构增长较快，同比增速在 24.3% 以上，景气程度较高；证券公司、银行机构、期货公司、信托公司运行平稳，同比增速分别为 4.6%、3.6%、0、0，景气程度适中。金融机构总量同比增速为 5.2%。

3. 金融人才发展指数

金融人才发展指数由人才总量、人才质量和人才引力等 3 个要素子指数构成。

从发展速度来看，以 2006 年为计算基期（基期数值设为 1000 点），2017 年金融人才发展指数为 1965 点，过去 11 年平均增速为 6.3%，是天津金融发展指数平均增速的 0.32 倍。其中，2007 年和 2010 年景气程度达到高点，分别同比增长 19.6% 和 14.1%；2008 年、2009 年、2011 年、2012

年、2013 年、2014 年、2015 年、2016 年增速分别为 0.5%、1.7%、4.8%、4.3%、6.9%、1.9%、6.3%、6.8%，2017 年增速为 4.2%，见表 5.5。

表 5.5　选取不同基期的天津金融人才发展指数

年份	以 2006 年为基期指数	以上年为基期指数
2006	1000	1000
2007	1196	1196
2008	1202	1005
2009	1223	1017
2010	1396	1142
2011	1463	1048
2012	1526	1043
2013	1631	1069
2014	1662	1019
2015	1766	1063
2016	1886	1068
2017	1965	1042

资料来源：作者整理。

从指数发展结构来看，人才引力和人才质量过去 11 年间平均增速最快，指数 11 年平均增速超过 6.4%，高于金融人才的平均增速（6.3%）。人才总量增长较为平稳，指数 11 年平均增速为 5.6%，低于金融人才的平均增速。

从 2017 年景气程度来看，金融人才稳健发展，平均增速相对于 2016 年略有放缓。2017 年同比增速为 4.2%，比过去 10 年平均增速（6.5%）下降 2.3 个百分点。人才总量、人才质量增长较快，同比增速分别为 4.3% 和 4.2%，景气程度较高；人才引力同比增速为 3.9%，景气程度适中。

4. 金融创新发展指数

金融创新发展指数由整体创新、产品创新、市场创新、机构创新、创新内部要素和创新外部要素等 6 个要素子指数构成。

从发展速度来看，以 2006 年为计算基期（基期数值设为 1000 点），2017 年金融创新发展指数为 5985 点，过去 11 年平均增速为 17.7%，是天津金融发展指数平均增速的 0.9 倍，比较接近天津金融发展指数的年均增速，反映了金融创新在推动天津金融发展中的关键作用。其中，2011 年景气程度达到高点，较上年大幅增长 42.9%；2007 年、2008 年、2009 年、2010 年、2012 年、2013 年、2014 年、2015 年和 2016 年同比增速分别为 15.3%、18%、18.6%、22.6%、24.0%、13.3%、8.1%、12.4% 和 8.6%，2017 年同比增速为 14.3%，见表 5.6。

表 5.6　选取不同基期的天津金融创新发展指数

年份	以 2006 年为基期指数	以上年为基期指数
2006	1000	1000
2007	1153	1153
2008	1360	1179
2009	1613	1186
2010	1977	1226
2011	2826	1429
2012	3504	1240
2013	3971	1133
2014	4291	1080
2015	4822	1124
2016	5238	1086
2017	5985	1143

资料来源：作者整理。

从指数发展结构来看，机构创新、产品创新是过去 11 年中年均增速较快的创新类型，子指数 11 年平均增速分别为 35.5%、18.8%，全部高于金融创新发展指数 11 年平均增速（17.7%）。市场创新、整体创新、创新内部要素、创新外部要素指数较为平稳，子指数 11 年平均增速分别为 10.9%、9.7%、5.4%、5.2%，低于金融创新发展指数 11 年平均增速。

从 2017 年景气程度来看，金融创新平稳发展，相较 2016 年平均增速略有下降。2017 年同比增速为 14.3%，比 2006—2016 年 10 年间 18% 的年均增速降低 3.7 个百分点。机构创新、市场创新保持快速增长，同比增幅分别为 48.6%、8.1%，景气程度较高；产品创新、创新内部要素、创新外部要素和整体创新增速较快，同比增幅分别为 4.6%、5.3%、5.2% 和 3.9%。

5. 金融生态环境发展指数

金融生态环境发展指数由信用环境、金融中介、产业支撑、宜居城市、物价水平、法律环境、政府服务等 7 个要素子指数构成。

从发展速度来看，以 2006 年为计算基期（基期数值设为 1000 点），2017 年金融生态环境发展指数为 1827 点，当年增幅达 3%，11 年平均增速为 5.6%，是天津金融发展指数平均增速的 0.29 倍。其中，2008 年、2011 年景气程度达到高点，分别较上年增长 8.5% 和 9.2%，其余各年同比增速介于 3%～8%，较为平稳，见表 5.7。

表 5.7　选取不同基期的天津金融生态环境发展指数

年份	以 2006 年为基期指数	以上年为基期指数
2006	1000	1000
2007	1066	1066
2008	1157	1086
2009	1218	1052
2010	1297	1065
2011	1416	1092
2012	1498	1058
2013	1571	1049
2014	1649	1049
2015	1718	1042
2016	1773	1032
2017	1827	1030

资料来源：作者整理。

从该指数的发展结构来看，2006—2017 年平均增速最快的要素为产业支撑，指数年均增速为 8.1%。与此同时，政府服务、法律环境、金融中介、宜居城市、信用环境指数较为平稳，年均增速分别为 5.2%、5.1%、4.4%、4%、3.9%，低于金融生态环境发展指数 11 年平均增速

（5.6%）。此外，物价水平指数 10 年平均增速为 –1%①。

从景气程度来看，2017 年金融生态环境的同比增速为 3%，比 2006—2016 年 10 年间 5.9% 的年均增速低 2.9 个百分点。其中，信用环境、政府服务、法律环境、金融中介保持增长，同比增幅分别为 6.3%、5.2%、5.1%、4.6%，景气程度较高。宜居城市、物价水平的同比增速为负，景气程度较低。

（三）金融创新运营示范区发展的信号预警

2017 年，金融业整体保持稳定发展，增速比上年略有上升。其中，2017 年金融创新同比增速达 14.3%，金融机构同比增速达 11.5%；金融人才和金融生态环境增速相对稳健；金融市场的同比增速由负转正，2017 年同比增速为 2.4%。从 2006—2017 年的综合发展状况来看，在五个一级指标中，金融市场、金融创新、金融机构的年均增速相对较高。2006—2017 年 11 年间的平均增速分别达 33.7%、17.7% 和 15.2%。

2017 年，一级指标的环比指数大多有所回升。其中，金融创新、金融机构、金融市场的环比指数分别为 1143 点、1115 点和 1024 点，比 2016 年有所提升；金融人才和金融生态环境环比指数分别为 1042 点、1030 点，比 2016 年略有下降。

2017 年，天津金融业整体、金融产业、金融市场的景气状况处于增长偏低状态，金融生态环境、金融机构、金融创新和金融人才属于正常趋缓状态（见表 5.8）。具体来说，天津金融发展指数、金融产业指数、金融市场指数的同比增速为正，但低于过去 10 年历史平均增速，属于增长偏低；金融生态环境指数、金融机构指数、金融创新指数和金融人才指数的同比增速属于正常趋缓。从 2017 年天津金融发展整体和分项的景气状况来看，金融创新和金融机构成为促进金融整体景气的因素，金融市场的周期调整是影响天津金融整体景气的因素。

---

① 物价水平指数为负，源于物价水平为逆指标。物价上涨，物价水平指数为负。

表 5.8　2017 年天津金融运营示范区发展景气程度的信号分析

指数	金融整体	金融产业	金融生态环境	金融市场	金融机构	金融创新	金融人才
增长趋热							
快速增长							
正常趋涨							
正常趋缓			√		√	√	√
增长偏低	√	√		√			
不景气							

资料来源：作者整理。

注：景气程度划分为如下六种情景：①正常趋涨：当年该指数增速低于过去 10 年历史平均增速 1.5 倍，高于过去 10 年历史平均增速。②正常趋缓：当年该指数增速低于过去 10 年历史平均增速，高于过去 10 年历史平均增速 0.5 倍。③快速增长：当年该指数增速低于过去 10 年历史最高增速，高于过去 10 年历史平均增速 1.5 倍。④增长偏低：当年该指数增速为正，但低于过去 10 年历史平均增速 0.5 倍。⑤增长趋热：当年该指数增速高于过去 10 年历史最高增速。⑥不景气：当年该指数增速为负。

　　作为反映地区金融体系发育状况的指标，尤其是在京津冀协同发展和自贸区建设的大环境中，天津金融机构发展和金融创新活动更应发挥示范引领作用。此外，加快金融人才集聚，特别是创造必要的制度环境和文化土壤显得尤为重要。

第六章 金融创新运营示范区开放功能下的自贸区软实力建设

金融对外开放是金融创新运营示范区发展的一项重要任务。根据金融创新运营示范区的示范引领定位，天津需要加强金融创新运营示范区与天津自贸区的协同发展。将天津自贸区作为金融创新运营示范区乃至京津冀协同发展的一个窗口，既有助于实现金融创新运营示范区的定位目标，也有助于为京津冀协同发展营造更加开放包容的环境。

自贸区是中国进一步扩大对外开放的载体，在国家试验、探索新的对外开放方式与对外合作模式过程中发挥着不可替代的作用。天津自贸区的设立以服务区域经济发展为落脚点，以制度创新为突破口，以高水平对外开放为目标，为京津冀协同发展搭建了重要的试验平台。

一、自贸区软实力的内涵界定

（一）软实力理论的形成与发展

哈佛大学教授约瑟夫·奈于 1989 年首次提出了"软实力"一词，并针对价值观、文化因素等软力量在国际竞争中的重要作用，进一步完善了国家综合实力竞争的理论框架，对传统的以军事和经济等硬实力为主的国家综合实力分析范式作出了更高层次的延展。此后，全球各国学者开始致力于国家层面的软实力竞争研究。中国学者王沪宁等人于 1993 年也开始关注软实力理论，并为中国软实力发展提出了重要的对策建议。近年来，由于国际环境的剧烈变化，国内外综合实力的竞争更加激烈，代表文化、品牌效应的软实力对区域经济发展发挥着更加重要的作用。部分学者提出了区域性软实力的概念，进一步丰富了区域发展理论。区域软实力已成为区域核心竞争力的重要组成部分。

1. 国家软实力界定

约瑟夫·奈的软实力理论以国家层面为基础。他认为，一国可以通过硬实力与软实力两种方式行使自身权利：一为硬实力，即国家通过军事与经济实力等有形资源在国际竞争中取得优势；二为软实力，即利用文化、外交、意识形态及制度等无形资源在国际竞争中赢得先机。约瑟夫·奈强调，软实力不同于关注硬实力的传统国家竞争观念，其致力于通过文化及意识形态等软力量，达到令其他国家接受或服从本国意志、最终追随的目标。对国家软实力的现有研究主要强调对软实力构成要素的进一步扩展，包括援助行为、人力资本、外交活动、政治价值观、灾难救济、教育、旅游等。具体来看，学者们认为价值标准、经济体制、国际形象和地位、国家发展模式、教育、法律环境、制度建设、执政能力、国民心态、国民形象、民族精神等因素是提升软实力的重要路径，软实力有助于实现本国对其他国家或区域产生感召力、吸引力甚至协同与整合力的目标。

综上所述，国家软实力可以通过六个方面具体体现：一是文化、价值观、诚信度及国家凝聚力等意识形态方面的吸引力和影响力，二是社会政治、经济制度以及发展模式等的同化力，三是制定规则和动员资源的能力，四是一国在国际社会的形象以及在多边外交中对国际规则和政治议题的塑造力，五是人口状况与生存环境，六是国家综合创新能力。国家软实力的提高能够改善国家形象、提高国际吸引力、增加国际话语权、提升国际威望，并进一步作用于国家硬实力，从而提高国家的综合实力及国际竞争力。

2. 城市软实力界定

随着信息化与全球化的迅速发展，许多城市与区域在基础设施、产业结构等多个方面出现显著同质化倾向，相互替代性逐渐增长，这促使城市之间的竞争逐步由硬实力竞争向软实力竞争转变。当前城市经济快速发展，软实力正成为城市综合竞争力和可持续发展能力的重要组成部分。因此，决定城市和地区发展的，不再只是经济总量和人均收入，还包括城市吸引力、市民素质；不仅是有形竞争，更是无形竞争；不仅是硬实力竞争，更是软实力竞争，所以应重视软实力在城市发展中的协调、扩张和倍增效应。倪鹏飞（2001）首次提出城市软实力概念，他强调城市软实力应关注吸引和汇聚创新要素的人力、科研等环境要素，营造和汇聚制度、环境、文化等方面。随后，许多学者将城市软实力逐步凝练为政府公信力、社会凝聚力、地方文化感召力、制度创新力、区域人力素质、区域信用、区域形象、生态环境、体制机制、发展模式、城市开放度、教育发展、信息化、区域融通、科技创新等因素。总之，城市软实力的核心在于强调非物质要素对城市竞争力的促进或引导作用。

（二）软实力与硬实力的比较

硬实力是相对于软实力而言的，具体来说是指由一国或地区的经济力量、科技力量和硬件设施等有形物质力量共同构成的支配性力量。

硬实力与软实力既彼此联系又相互区别，二者具有相互制约、相互促进的关系。前者（硬实力）是后者（软实力）的实体载体，后者是前者的无形延伸状态。后者的精神性确定了软实力发展的边界，即在精神资源的无限性下，主体可以无限发掘精神资源并进行开发运用，其具有自我强化、自我循环的属性。相比较而言，硬实力的发展资源并非无限的，在物质性资源总量一定的情况下，主要表现为消耗行为。因此，从二者的资源分布来看，二者可以有效结合各自的优势共同发展，硬实力能够为软实力的发展提供物质保障，而软实力为硬实力提供精神支撑。二者相辅相成，进一步释放社会生产力，共同推动国家或地区发展。

区域经济的发展可通过促进硬实力和软实力的发展来推动经济发展，由于区域经济发展的总体水平存在差异，因此，硬实力和软实力的合作关系并非一成不变的。当区域整体经济水平发展处在较低阶段时，硬实力发展起到主要推动作用，而当整体经济水平达到一定程度时，即经济发展向外辐射时，软实力的重要性即刻凸显。就目前国内发展状况分析可得，尽管区域之间的发展水平存在较大差异，但整体水平均处在较高的水平，即满足了软实力发展的基准线。因此，在进一步推动区域发展的进程中，软实力的重要性逐渐凸显，并且从硬实力方面提供物质支撑，为实现整体实力的全面提升注入强大的精神动力，提供有力的制度保障。

软实力与硬实力在不同阶段的相互关系如图 6.1 所示。

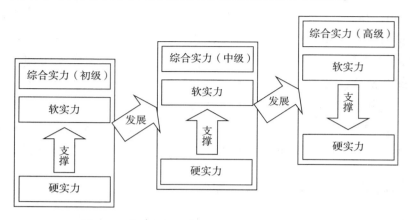

图6.1 软实力与硬实力在不同阶段的相互关系

（三）自贸区软实力内涵的界定

软实力源于一个地方的文化、制度和价值观，表现为对人们的吸引力、认同感和同化力。软实力一般来说主要包括四个重要内涵：（1）软实力隶属于竞争力，并且是其重要组成部分；（2）软实力来源于非物质要素，是一种综合素质的体现；（3）软实力是积极向上的力量，它有助于促进区域经济和社会的持续发展；（4）软实力可以支撑硬实力，发挥杠杆效应。

自贸区与原有的保税区、开发区存在一定的差异，它将在实现贸易自由化发展的趋势上实现制度创新、模式创新，其发展与国际环境接轨。自贸区更加强调政策的稳定性、规则的统一性、运行的透明性等，即自贸区应该更加重视软实力的建设。因此，本书认为自贸区软实力的内涵是指建立在政府公共服务、经济参与者素质、自贸区品牌形象等非物质要素之上，推动自贸区公信力、创新力、凝聚力积累与扩散的综合能力评价。具体来看，第一，自贸区软实力中包含的政府公共服务，不仅体现为公共基础设施等硬件方面的服务供给，更重要的是在政府执行力、法制健全完善程度等方面作出的贡献；第二，经济参与者素质不仅重视参与者作为公民身份在言行举止方面的素质，更强调经济参与者的知识技能储备和服务层面的基本道德与契约精神属性；第三，自贸区品牌不仅强调自身产业特征及优势所带来的资源集聚，从长远来看，还需体现自身能量在积累后的辐射能力，为区域经济发展乃至全国经济发展带来示范效应，发挥扩展性服务功能。自贸区软实力内涵如图 6.2 所示。

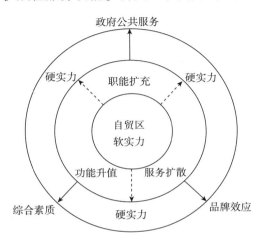

图 6.2　自贸区软实力内涵

　　自贸区的软实力是由政策环境、投资发展决策能力、政府服务水平、信息服务水平、制度完善水平、监管水平、人力资源、创新能力、营商环境、对外开放水平、文化吸引力等决定的，它在很大程度上取决于主观因素。当前，各自贸区的发展和建设更加注重硬实力而非软实力。在众多自贸区同质化竞争的背景下，自贸区更应该重视软实力建设，充分发挥其对自贸区竞争力的促进作用。

二、天津自贸区软实力建设的必要性

（一）各个自贸区间的同质化竞争现象明显

　　自贸区之间的同质化竞争日益激烈，普遍存在以下几个问题：一是区域功能的定位趋同性较强，二是产业布局方面的同质化现象凸显，三是竞争的同质性较为严重。尽管各自贸区在设立时提出了明确的自身定位（见表 6.1），但从实际建设情况来看，更强调自身区域禀赋优势，服务各自所在城市或区域，服务内容质量的提升路径差异性不足。

表6.1　全国自贸区的具体定位与产业布局

自贸区名称	具体定位	重点产业
天津自贸区	以制度创新为核心任务，努力成为京津冀协同发展高水平对外开放平台、全国改革开放先行区和制度创新试验田、面向世界的高水平自由贸易园区	航运物流、国际贸易、融资租赁；航空航天、装备制造、新一代信息技术和研发设计、航空物流；金融创新为主的现代服务业
广东自贸区	打造开放型经济新体制先行区、高水平对外开放门户枢纽和粤港澳大湾区合作示范区	航运物流、特色金融、国际商贸、高端制造、金融、现代物流、信息服务、科技服务等服务业；旅游休闲健康、商务金融服务和高新技术
上海自贸区	建设开放和创新融为一体的综合改革试验区、建设开放型经济体系的风险压力测试区、打造提升政府治理能力的先行区、构建服务国家"一带一路"建设及推动市场主体"走出去"的桥头堡	国际贸易服务、金融服务、专业服务、国际物流服务、国际航运服务、离岸服务、现代商贸、总部经济、航运金融、高端服务业、战略性新兴产业
福建自贸区	营造国际化、市场化、法治化营商环境；发挥对台优势，深化两岸经济合作；建设21世纪海上丝绸之路核心区，打造面向21世纪海上丝绸之路沿线国家和地区开放合作新高地	国际贸易、保税加工和保税物流、商贸服务、航运服务、现代物流业、金融服务业、新兴服务业、旅游服务业、高端制造业
浙江自贸区	以制度创新为核心，以可复制、可推广为基本要求，将自贸区建设成为东部地区重要的海上开放门户示范区、国际大宗商品贸易自由化先导区和具有国际影响力的资源配置基地	发展油品等大宗商品储存、中转、贸易产业，保税燃料油供应服务、保税物流、仓储、制造，水产品贸易、海洋旅游、海水利用、现代商贸、金融服务、航运、信息咨询、高新技术
辽宁自贸区	落实中央关于加快市场取向体制机制改革、推动结构调整的要求，着力打造提升东北老工业基地发展整体竞争力和对外开放水平的新引擎	港航物流、金融商贸、先进装备制造、高新技术、循环经济、航运服务、汽车及零部件、航空装备、商贸物流、跨境电商、金融、新一代信息技术、高端装备制造
河南自贸区	落实中央关于加快建设贯通南北、连接东西的现代立体交通体系和现代物流体系的要求，着力建设服务于"一带一路"建设的现代综合交通枢纽	智能终端、高端装备及汽车制造、生物医药、国际商贸、跨境电商、现代金融服务、服务外包、医疗旅游、创意设计、商务会展、动漫游戏、文化传媒、文化金融

续表

自贸区名称	具体定位	重点产业
湖北自贸区	落实中央关于中部地区有序承接产业转移、建设一批战略性新兴产业和高技术产业基地的要求，发挥其在实施中部崛起战略和推进长江经济带建设中的示范作用	新一代信息技术、智能制造、国际商贸、金融服务、现代物流、检验检测、信息服务、新能源汽车、大数据、云计算、商贸物流、生物医药、电子信息、总部经济
重庆自贸区	落实中央关于发挥重庆战略支点和连接点重要作用、加大西部地区门户城市开放力度的要求，带动西部大开发战略深入实施	高端装备、电子核心部件、云计算、生物医药、总部贸易、服务贸易、电子商务、展示交易、仓储分拨、融资租赁、保税物流中转分拨、国际中转、集拼分拨
四川自贸区	落实中央关于加大西部地区门户城市开放力度以及建设内陆开放战略支撑带的要求，打造内陆开放型经济高地，实现内陆与沿海沿边沿江协同开放	现代服务业、高端制造业、高新技术、临空经济、口岸服务、国际商品集散转运、保税物流仓储、国际货代、整车进口、特色金融、信息服务、科技服务、港口贸易、装备制造、现代医药、食品饮料
陕西自贸区	落实中央关于更好地发挥"一带一路"建设对西部大开发的带动作用、加大西部地区门户城市开放力度的要求，打造内陆型改革开放新高地，探索内陆与"一带一路"沿线国家经济合作和人文交流新模式	战略性新兴产业、高新技术产业、高端制造、航空物流、贸易金融国际贸易、现代物流、金融服务、旅游会展、电子商务

资料来源：各自贸区官方网站。

造成这种情况的原因主要在于，当前各自贸区的发展更加注重硬实力而非软实力建设。因此，破解当前各地自贸区可能存在的竞争趋同问题，应当转变方针，充分发挥各地在软实力方面的特点与优势，最大限度地挖掘自贸区服务本地乃至所属区域经济的发展与对外开放潜力，使自贸区的服务功能上升至一个新的平台和高度。

（二）美国逆全球化战略对中国对外开放的影响

从国际环境来看，中国自贸试验区发展所面临的制约不仅来源于贸易层面的竞争，也受到国际经贸环境的干扰。美国特朗普政府上台以来，奉行美国优先的逆全球化战略，主动挑起与多个经济体的贸易摩擦，甚至以所谓的"国家安全"为由，实施重商主义政策，破坏自由贸易的国际规则，形成制度垄断。这种行为不仅不利于经济全球化的深层次推进，同时可能会引发更为严重的经济后果。当前形势下，中国需要做的不仅是寻求对外贸易的进一步开放、提升产品的竞争力，更重要的是从制度开放出发，引导全球树立一个全新的制度约束和竞争规则，从软实力层面树立中国的诚信形象，提升经济贸易全球化的国际认同感，打破美国多年来形成的不公平的制度垄断。自贸区作为中国对外制度开放的重要实验载体，在发展软实力方面具有重要的带头作用。

（三）天津自贸区推进软实力建设要保持战略定力

由于软实力体现的是一种综合实力，是抽象的，因此可能存在短期目标与长期目标的矛盾和取舍问题。软实力对城市发展的作用具有显著的长期效应，这就意味着短期的投入可能不会产生立竿见影的效果，因此软实力的建设要保持战略定力。天津自贸区应瞄准创新高地，而非单纯的政策洼地。作为中国新一轮制度创新的突破口，自贸区建设必须重视质量，把不断提升自贸区软实力作为一个重要抓手。

三、天津自贸区软实力建设的主要内容

当前已有文献开始针对城市的软实力及其指标评价体系的构建进行讨论与分析。大部分已有成果认为，区域或城市的软实力主要从公共服务、信息服务、完善制度环境、人才引进、文化环境和营商环境等方面体现，因此需要进一步对这六个方面进行筛选和甄别，同时演化出新的功能特征，以反映自贸区的真实软实力。

（一）公共服务

政府的服务效率与服务覆盖面是政府提供公共服务好坏与否的决定性因素。从显性服务方面来看，针对日常业务的审批层次、公共设施建设情况均能直观地体现出政府公共服务质量；而从隐性服务方面来看，公众对政府服务的满意程度成为重要的反馈信息，反映出政府服务质量的好坏。

（二）数据支持

当前大数据时代下，信息成本成为自贸区为外部客户提供服务的重要制约。拥有完备数据信息的自贸港，应该拥有全方位、多维度的信息搜集与处理平台为客户提供服务。该数据信息既包含基于货物港口贸易的相关内容，也应当包含以贸易为基础衍生出的多样化数据信息服务。各自贸港可根据自身的服务特征提供具有个性化的数据服务，而港航业的快速发展也必将带动其他优势产业的集聚与升级。

（三）制度创新

一个高效的、具有吸引力的自贸区一定是在一个"有规矩"的框架下最大限度地保持自身活力的区域。国家赋予自贸区相对自主的制度设计，特别是负面清单设计，这就需要各自贸区充分讨论如何发挥负面清单对提升自贸区服务活力与对外吸引力的作用。不仅如此，还应当充分发挥自贸区改革先行先试的政策优势，通过疏通发展阻力点、破除发展瓶颈，推动法制化、国际化营商环境的建立。

（四）人才吸引

自贸区对人才的吸引不仅应当从硬实力出发，更应当强调软实力的作用。将人才吸引到自贸区工作，不应当仅仅依靠薪资收入、发展前景等工作方面的丰厚条件，还应当衣食住行方面为其提供全方位保障，形成品牌效应（如新加坡对人才的吸引政策），为不同类型的人才提供个性化服务，提升他们的文化认同感和舒适度，最终对全国乃至全球人才形成长期持续的吸引力。

（五）营商环境

营商环境作为商业活力的决定性因素，直接影响自贸区在运营过程中的创新能力和活跃程度。所谓营商环境，是指企业在开设、经营、贸易活动、纳税、关闭及执行合约等方面遵循的政策法规所需的时间和成本等条件。2019年《政府工作报告》中明确指出，要激发市场主体活力，着力优化营商环境。自贸区作为多样化业务创新的摇篮，必然需要更好的营商环境的支撑。

（六）文化实力

文化实力是文化和意识形态吸引力共同作用下形成的力量，是各国制定文化战略和国家战略的重要参照系。自贸区在建设与发展过程中，同样需要外部对它的文化认同感，应当在中国文化战略的基础上，衍生出符合自身港口、所在城市乃至区域实际的文化特色。中国地域广阔，在文化方面具有极强的包容性，因此各自贸区也应当结合本地特色，打造包括文化产业园区在内的文化品牌，体现地方特色，吸引更多的潜在客户和业务，打造文化品牌效应。

四、加强天津自贸区软实力建设的对策建议

（一）优化环境，打造中国自贸区综合软实力竞争品牌

一是深化涉外投资管理体制机制改革。持续放宽市场准入，通过引入完备的政治体系来加强对负面清单的管理。二是优化营商环境。依托人民币国际化发展契机，实现高度对外开放的精准性，以及在人才沟通、法律信息和服务信息上的深化体制改革。三是打造天津文化产业品牌效应。以天津特色文化产业为依托，以自贸区为输出端口，大力扶持文化产业发展，提升天津特色文化产业在全球的认同感，在全球形成中国文化产业市场，提升中国文化产业输出效率和质量。

（二）对标先进，以软实力建设为核心提高中国自贸区建设标准

为探索更具国际市场影响力和竞争力的自贸区软实力改革，吸收借鉴其他国家优质自贸区改革思路必不可少。在监管层面上，可借鉴新加坡跨境贸易一站式平台，探索建设一个"高度信任"和高智能的控制监管平台，用信任推动繁荣，利用数字化创新满足企业投资贸易需求。在经济生态系统建设层面，可将新加坡、丹麦等国的建设经验引进天津自

贸区，构建税收体制合理、知识产权管理高效以及鼓励跨国企业参与合作的经济生态系统，积极探索公共管理和社会服务的数字化技术，逐渐形成吸引外部投资的原发磁场，高标准推进天津自贸区建设。

（三）回归初心，以便利投资贸易为目标打造天津自贸区软实力核心

已有研究表明，自贸区的经济驱动作用随着自贸区数量的增多反而逐渐削弱，这表明我国自贸区建设不能只看数量上的叠加，更要注重质量上的提高。天津自贸区设立的初心就是对接高标准国际投资贸易规则，而投资贸易是自贸区拉动区域经济增长的重要渠道，也是自贸区软实力的核心。积极借鉴上海等自贸区建设较好的省市的做法，深入贯彻负面清单管理制度，让"法无禁区皆可为"和"法无授权不可为"的理念深入自贸区建设的各个方面，以便利投资贸易为目标打造自贸区软实力核心。

（四）服务大局，坚守天津自贸区服务京津冀协同发展的定位

自贸区建设就是要为国家制度建设试错，为地方谋发展。自贸区软实力建设要服务于国家发展大局。具体来说，第一，将制度创新摆在更为重要的位置。这需要我们对当前的自贸区发展绩效评估进行全方位改革，在注重实际经济成效的同时，站在国际化的视野上考核自贸区发展，尤其是要将具有颠覆性和创造性的制度创新方案纳入绩效考评。第二，积极争取国家相关部门的支持，选择若干外部环境好、产业基础好的区域，由国家授权进行相关改革政策的差异化试点，迅速总结评估并复制推广到全国。

（五）广纳人才，建立天津自贸区软实力建设智囊团

一是要结合本土文化优势与特色，吸引外部人才入驻。定期在自贸区内举办文化活动，形成符合地方特色的标签；设立以天津本土文化为核心的文化产业园区，与互联网企业联合打造本土文化品牌效应。二是要强化天津校企合作模型，即推进自贸区与高校的合作，高校可以向自

贸区引入企业专业人士作为校外专家在本校开展讲座，自贸区企业也可为本地高校优秀毕业生提供招聘政策倾斜，留住本地培养的优秀高级人才。通过政府政策引导、高校专业培养、企业大力引进的方式，形成专业人才吸引与培养产业链，逐步建立自贸区智囊团。三是鼓励设立中外合资人才中介机构，允许服务提供者设立独资人才中介机构。借鉴负面清单管理模式，通过法律法规引导、行政干预等措施，明确政府与市场二者之间的职能关系，推动人才市场管办分离，建立新型人才市场管理体制，这对建立和完善海外人才市场运行标准、提高人才服务水平带来了难得机遇，具有可推广、可复制效应。

第七章　京津冀协同发展中的
金融创新运营示范区

党的十八大以来，中国坚定不移地实践新发展理念，实施区域协调发展战略。2013 年以来，习近平总书记数次视察天津，为天津发展指明了战略方向。天津坚决落实其承担的"三区一基地"战略角色定位，坚持高质量发展。天津依托金融创新运营示范区的功能，服务北京非首都功能疏解，实现天津新的定位，支持雄安新区高标准建设，在京津冀协同发展中深化落实金融创新运营示范区的功能定位。

一、金融创新运营示范区服务区域协调发展的现实基础

（一）金融创新运营示范区服务区域协同的时代背景

党中央、国务院对京津冀协同发展给予了高度的重视，这为推进"四个全面"提供了重要的现实意义。早在 2013 年，习近平总书记来天津进行调研，随即提出要推进京津冀一体化发展。此外，习近平总书记在多个会议上提到了协同发展的重要性，强调疏解北京非首都功能，对空间结构、经济结构进行相应的调整，寻求新型人口经济密集开发区，促进区域经济的协同发展。李克强总理也多次强调京津冀协同发展是实现区域整体发展的重要一环，是提升高质量发展的重要驱动力。

实施京津冀一体化发展以来，三地面临的挑战诸多。首先，从北京的发展来看，其"大城市病"凸显，非首都功能难以在短时期内得到高效的疏解，这些困境易引发经济、社会等问题。其次，从三地资源来看，水资源短缺和环境污染仍然是较为棘手的问题，需要强化人与自然的和谐相处，做好生态联防的保障工作。最后，从区域功能的分布来看，城

镇结构失衡状态较为严重，北京、天津集聚较多的经济资源，导致对周围城市的资源产生"虹吸效应"。以上这些问题需要党中央、国务院从统筹布局、战略方针制定上采取相应的行动，以推进京津冀一体化发展。

（二）金融创新运营示范区服务区域协同的战略引导

《京津冀协同发展规划纲要》是实施京津冀协同发展战略需要遵循的基本方针，它提出了三地的功能定位，明确了每个省市的发展目标。天津需要创建的金融运营示范区，要服务于区域整体定位和区域协同发展，在京津冀"一盘棋"的战略指引下，实现功能互补、错位发展、相辅相成。

从2017年京津冀协同发展成效来看，疏解北京的非首都功能成效较为明显，在生态环境保护、产业升级转型等方面也初见成效，试点工作稳健开展，由此可以看到京津冀协同发展取得了较为明显的成绩。预计到2020年，北京市常住人口的数量缩减至2300万人之内，实现三地交通网络的基本建成，继续强化生态环境的保障机制和产业联动发展的战略部署。京津冀协同机制的有效运转逐渐缩窄了区域内经济发展的巨大差距。预计到2030年，基本形成京津冀一体化发展的格局，北京作为首都的核心功能更加凸显，公共服务水平更加平衡，京津冀将成为具有国际竞争力和影响力较大的重要经济带。

另外，自贸区战略也为金融创新运营示范区建设提供了重要的制度试错平台和政策便利。自贸区作为中国由"经贸开放"向"制度开放"转变的重要载体，在国家层面实验探索全新对外开放方式与对外合作模式过程中起到不可替代的作用。作为中国北方设立的第一个自贸区，天津自贸区背负着打通北方城市"一带一路"对外开放和服务京津冀世界级城市群建设的重要使命。天津自贸区不是天津的自贸区，是京津冀的自贸区，更是国家的自贸区。应该立足更广阔的视野，为国家经贸制度创新及对接国际投资贸易规则勇于试错、敢于试错。通过建立自贸区先行先试，有助于破除传统的发展壁垒，构建法制化的经济开放体系。就目前而言，自贸区的创建能够涉及当前经济发展的最为核心也是最为敏感的问题，比如利率市场化、资本项目可兑换、外商投资管理和行政管理改革等领域。在天津创建自贸区，能够大力改善北方的市场环境，加速创建更为开放的经济体制新高地，实践"开放促进改革"的战略方针。在天津打造金融创新运营示范区的进程中，天津自贸区能够提供一系列的配套改革措施，还能够为金融创新运营示范区未来的工作指明大方向，从贸易服务、投资、监管、知识产权保护等各个领域提供良好的指导。

（三）金融创新运营示范区服务区域协同的行动准则

金融创新运营示范区服务区域协同，可以遵循五个行动准则。

第一，改革牵引，创新发展。不断深化金融制度创新，消除隐形壁垒，破除三地协同发展的深层次矛盾，为实现协同发展目标完善金融运行机制。强化创新驱动，发挥金融创新运营示范区、天津自贸区和国家自主创新示范区的"三区叠加"优势，推动金融产品、金融运营、金融调控、金融监管创新。

第二，功能互补，协作发展。在服务区域协同发展的过程中，进一步明确金融创新运营示范区的功能定位。充分发挥金融创新运营示范区在国际金融、产业金融、科技金融、普惠（绿色）金融发展方面的引领作用，创新金融合作模式与利益分享机制。

第三，市场机制，政府规划。实现市场机制，主要体现为金融资源在市场中的配置，为了推进京津冀金融市场的一体化发展，增强金融要素在区域内的流动性。此外，从政府职能转变的过程中，强调简政放权，做好统筹协调工作。

第四，整体布局，逐步实施。站在京津冀一体化发展的大战略方针下，做好统筹规划的工作，即从大蓝图上规划好金融创新运营示范区的发展规划，加强顶层设计，做好布局调整工作。

第五，协同推进，示范试点。发展计划既要立足于当前的经济发展形势，也需要放眼未来，协调工作基调，选择适合的区域率先展开试点工作（如开展跨区域排污权交易、发行绿色债券等），让人们看到金融协同发展的新进展。

（四）金融创新运营示范区服务区域协同的现实依据

结合《京津冀协同发展规划纲要》制定的中期目标和金融创新运营示范区的功能定位，我们认为到 2020 年，京津冀的金融产业联动将取得重大进展。金融领域协同发展具有较大的成效，而三地金融发展的差距将不断收窄，进而初步形成三地相互促进的新局面。

为了跟踪和评价京津冀三地在经济协同发展进程中所取得的成效，本书主要从三地省级差异视角入手，观测北京与天津、北京与河北、天津与河北在金融业整体、银行业、证券业、保险业等领域发展状况的省际差异。统计指标表明，在 2015 年前后，京津冀三省市的金融业增加值占地区生产总值比重、金融机构本外币存款余额占地区生产总值比重、金融机构本外币贷款余额占地区生产总值比重、上市公司数占地区生产总值比重、社会融资规模占京津冀全域社会融资规模比重、保险深度、保险密度七个指标的省际差异呈现收敛状态，反映出三省市的金融发展差距趋于缩小，京津冀金融协同发展取得显著成效，见图 7.1 至图 7.7。

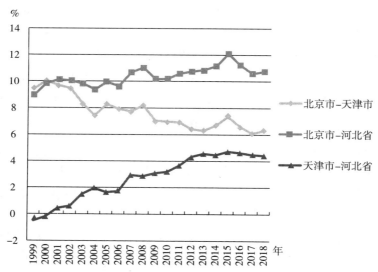

注：图中"北京市－天津市"代表北京市金融业增加值占地区生产总值比重减去天津市金融业增加值占地区生产总值比重。"北京市－河北省""天津市－河北省"同理。

图 7.1　1999—2018 年京津冀三省市金融业增加值占比的省际差距变化

（资料来源：国家统计局）

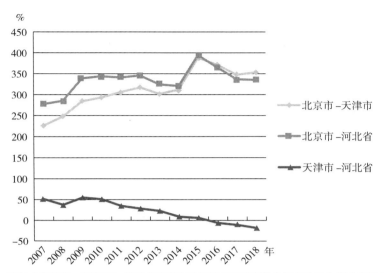

注：图中"北京市－天津市"代表北京市金融机构本外币存款余额占地区生产总值比重减去天津市金融机构本外币存款余额占地区生产总值比重。"北京市－河北省""天津市－河北省"同理。

图 7.2　2007—2018 年京津冀三省市的金融机构本外币存款余额占比省际差距变化

（资料来源：京津冀三省市统计局）

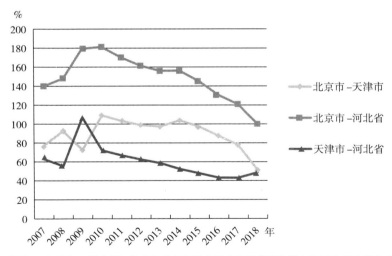

注：图中"北京市－天津市"代表北京市金融机构本外币贷款余额占地区生产总值比重减去天津市金融机构本外币存款余额占地区生产总值比重。"北京市－河北省""天津市－河北省"同理。

图 7.3　2007—2018 年京津冀三省市的金融机构本外币贷款余额占比省际差距变化

（资料来源：京津冀三省市统计局）

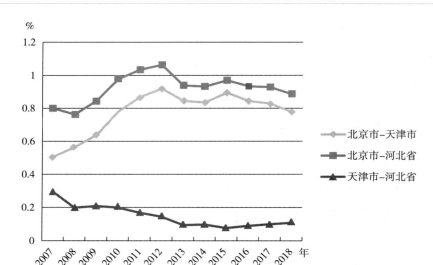

注：图中"北京市－天津市"代表北京市上市公司数占地区生产总值比重减去天津市上市公司数占地区生产总值比重。"北京市－河北省""天津市－河北省"同理。

图 7.4 2007—2018 年京津冀三省市上市公司数占 GDP 比重的省际差距变化

（资料来源：京津冀三省市统计局、东方财富 Choice 数据终端、中国证券登记结算有限公司统计年报）

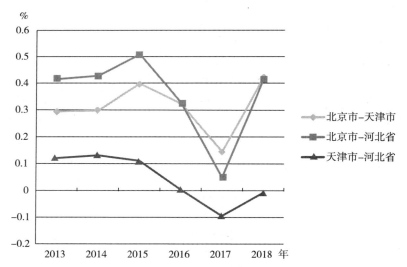

注：图中"北京市－天津市"代表北京市社会融资规模占京津冀社会融资规模比重减去天津市社会融资规模占京津冀社会融资规模比重。"北京市－河北省""天津市－河北省"同理。因社会融资规模为 2013 年设立的概念，此图比较始于 2013 年。

图 7.5 2013—2018 年京津冀三省市社会融资规模占区域比重的省际差距变化

（资料来源：东方财富 Choice 数据终端）

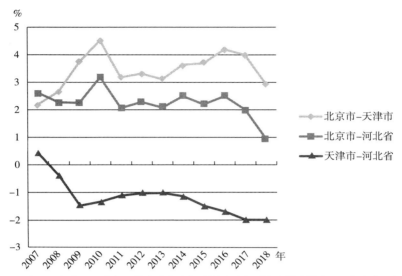

注：图中"北京市－天津市"代表北京市保险深度减去天津市保险深度。"北京市－河北省"
"天津市－河北省"同理。

图 7.6　2007—2018 年京津冀三省市保险深度的省际差距变化

（资料来源：国家统计局）

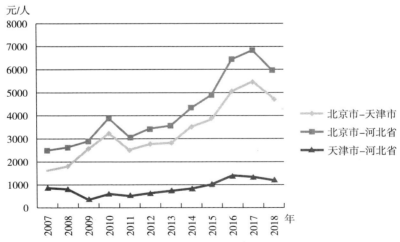

注：图中"北京市－天津市"代表北京市保险密度减去天津市保险密度。"北京市－河北省"
"天津市－河北省"同理。

图 7.7　2007—2018 年京津冀三省市保险密度的省际差距变化

（资料来源：国家统计局）

在分析了相关指标的省际差异后，本书还测度了京津冀三省市地区生产总值和金融业增加值的集中度。通过计算我们发现，京津冀三省市的地区生产总值和金融业增加值所对应的赫芬达尔—赫希曼指数（Herfindahl – Hirschman Index，HHI）[1] 在 2015 年前后略有回调或趋于稳定（见图 7.8、图 7.9），这反映出京津冀三省市在区域经济和金融发展过程中的协同效应逐步显现，在一定程度上改变了京津冀三地发展的不平衡状况。

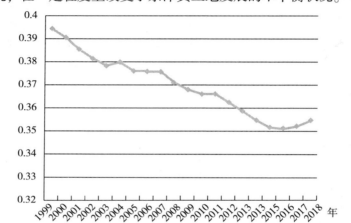

图 7.8 1999—2018 年京津冀三省市地区生产总值的赫芬达尔—赫希曼指数

（资料来源：国家统计局）

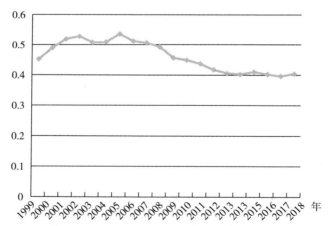

图 7.9 1999—2018 年京津冀三省市金融业增加值的赫芬达尔—赫希曼指数

（资料来源：国家统计局）

---

[1] 赫芬达尔—赫希曼指数（HHI）是一种测量产业集中度的综合指数。它是指一个行业中各市场竞争主体所占行业总收入或总资产比重的平方和，用来计量市场份额的变化，即市场中厂商规模的离散度。

二、金融创新运营示范区服务区域协调发展的典型成果①

近年来，金融创新运营示范区深度融入京津冀协同发展战略实施，利用自贸区、自主创新示范区等改革开放平台，深化制度创新、完善合作机制、加强金融创新，有力地服务区域协同发展。

(一) 金融制度创新

金融创新运营示范区不断深化金融制度创新，助推京津冀金融改革开放。截至 2018 年末，《中国人民银行关于金融支持中国（天津）自由贸易试验区建设的指导意见》中涉及的政策制定均得到了良好的实施，其中 11 项措施已经在全国进行了大范围的推广，24 项政策取得了可观的成效。天津自贸区金融创新的绿地森林效应不断扩大，有力地支持了京津冀协同发展。

2018 年，国务院批准了创建天津自贸区的相关建设方案，截至 2019 年 7 月，自贸区深化改革方案中的 128 项任务已完成 104 项。天津自贸区已成为服务京津冀协同发展的高水平对外开放平台。

(二) 金融调控创新

中国人民银行在津一级分行在统筹京津冀一体化发展战略布局中起到了关键性调控作用，针对重点领域强化协同发展，并采用抵押补充贷款等相关货币政策工具来支持重点领域、重点项目的信贷。截至 2019 年第二季度，天津金融创新运营示范区服务京津冀三地的项目资金总额高达 4508 亿元，相较于 2018 年上升了 0.3%，其中，贷款规模实现 3744 亿元。同时，京津冀三地人民银行共同签订了相关协议，主要针对的是金融风险信息的共享机制以及金融数据的监测机制，强化了区域金融风险共同防范管理。

---

① 本部分的数据来源于中国人民银行天津分行官方网站。

（三）金融运营创新

强化各个区域的协同发展，首先需要强化其合作机制的实施。对此，国家开发银行、建设银行和中国银行的天津分行设立了跨省市的交易模式，针对京津冀三地的各项政策给予高度重视，加速三地业务的流动。天津银行、天津农商银行和渤海银行等积极打造跨区域合作平台，完善互助共进的合作机制，推进三地金融服务的立体化发展。其次，从管理机制上进行创新。中国银行加大了对京津冀三地的资源倾向调整力度，从组合管理到异地管理等，形成了统一的立体化管理模式。交通银行将京津冀三地视为同一区域，因此采用统一方式处理三地的业务。天津农商银行则通过放宽异地客户的准入门槛，强化对京津冀一体化发展的支持。

（四）金融产品创新

截至 2019 年 10 月，天津金融创新运营示范区推出金融服务实体经济创新产品 138 项。其中，中国建设银行针对由北京转移至天津创业的小微企业，推出专门的京津承接贷业务，并且允许这些企业用北京的商品房或居住用房作为抵押品；光大银行针对中小型企业推出关税领域的优惠；天津滨海农商银行针对天津科技园的入园企业提供装修贷款。

为了促进业务同城化的快速发展，提升跨区域的支付结算、管理、信用担保等业务的效率，各金融机构创新开展新的工作。如浦发银行和工商银行通过对传统异地开户模式进行创新，缓解了跨地区客户的开户困境。天津农商银行拓展了其农信通存业务模式，满足了京津冀三地的实时查询和取款信息的获取。

（五）国际金融创新

跨境投融资渠道有效拓宽。截至 2018 年 11 月，天津自贸区区内实现跨境融资累计借用外债规模 30.4 亿美元，而发放境外人民币贷款的规模高达 178.4 亿元。中信银行境外子行在天津自贸区成功发行了 30 亿元熊猫债券。跨境双向人民币结算量规模高达 325.9 亿元，资金使用效率不断提高，跨国公司外资支持的周转率超过 50%。通过取消 A 类企业的贸易收入审核管理，实体企业资金周转率显著提升了 90%，并且天津区内银行等金融机构能够高效地为境外机构提供外汇产品交易的货币支持，能够有效缓解汇率风险和实现套期保值。

从天津东疆港的设立成效来看，其是我国首批开展经营性融资租赁行业并收取外币租金的港口，实现的业务量高达 47 亿美元。东疆港还开展了售后回租项的外资支付功能，为企业节省了 2% 的外汇承兑成本。天津市自贸区、金融创新运营示范区的建设实现了我国多个"首单"和"第一"。

（六）产业金融创新

近年来，金融创新运营示范区依托京津冀协同发展战略，加快发展产业金融，租赁金融、产业基金等多种金融业态取得了快速发展。金融租赁全力支持京津冀协同发展。天津融资租赁行业在全国发展水平比较上排名靠前，尤其是船舶、飞机等涉及跨境领域的融资规模占全国的 80% 以上。金融创新运营示范区率先开展租赁产业配套外汇制度创新试点，推动全国首例融资租赁企业外债便利化试点落地实施，已有 3 家租赁企业获得试点资格，2 家 SPV 利用试点政策共享母公司外债额度，顺利开展跨境融资业务，借入外债 4 笔，金额达 9500 万美元。国家也出台相关政策，鼓励京津冀三地融资租赁业务和保理业务的大力发展。

（七）科技金融创新

2019 年 10 月，习近平总书记在中央政治局会议上强调了区块链技术的重要性，并鼓励将区块链技术与产业创新有效结合。近年来，金融创新运营示范区持续跟踪区块链、人工智能、5G 等技术在金融科技（FinTech）领域的应用潜力。2019 年 4 月，天津市口岸区域运用区块链技术创建了区块链验证试点项目，这也进一步表明区块链技术与跨境贸易业务的交互贯通，即在物流、交易、金融、监管等各个领域实现深度融合，这为创建区块链贸易生态体系打下了良好的基础。金融创新运营示范区推动了移动支付的协同发展。截至 2019 年第二季度，天津市的相关金融机构发行的"京津冀农银通卡""京津冀协同卡"等产品总计高达 132.4 万张。

（八）普惠金融创新

强化京津冀区域内的中国人民银行、金融局以及银行间市场交易商协会签署的七方协议的战略部署，即推进天津绿色债券的发展。现有大量的企业已经实施短期融券行为，如天津国投津能发电有限公司已经发行了 2 亿元的短期债券，这也是天津绿色债券第一单，该公司在 2018 年 8 月实现平稳兑现。此外，浦东银行也开展了相关的工作，即在京津冀经济带交通运输、水电气、公共设施等多方面引进了绿色信贷元素。

近年来，金融创新运营示范区力促民营和小微企业金融服务政策措施落地落实、见到成效。截至 2018 年末，天津市普惠口径小微贷款余额为 817.8 亿元，同比增长 31.4%，高出各项贷款平均增速 23.5 个百分点，比年初新增 195.2 亿元，同比多增 97.6 亿元。

三、金融创新运营示范区服务区域协调发展的未来展望

当前，天津坚决落实党中央赋予的"一基地三区"的功能定位，保持战略定力，迈步高质量发展，围绕创建金融创新运营示范区以及推动金融供给侧改革等，提升国际竞争能力。2018 年 12 月，天津出台《关于支持金融机构和金融人才在津发展的政策措施》；2019 年 4 月，出台《关于天津市扩大开放　构建开放型经济新体制若干措施的通知》；2019 年 9 月，出台《关于支持中国（天津）自由贸易区创新发展的措施》和《中国（天津）自由贸易试验区创新发展行动方案》。一系列政策措施的出台，将不断提升金融创新运营示范区服务京津冀协同发展的功能和成效。

（一）引领京津冀协同开放，建设金融开放示范区

在银行、证券、保险等金融行业领域中扩大金融开放的部署，降低或取消对外资股东控股比例、经营时长、经营业务范围等相关限制，而

且针对在天津创建的中资银行或资管公司放宽外资持股比例限制，支持外国银行在天津设立分公司或子公司，使国内外交易、结算更加便利。除此之外，鼓励外资保险公司进入，取消或放宽外资进入门槛，支持非银行类支付结构进入。同时，鼓励合格境内有限合伙人试点工作，开展跨境保理业务，创建与自贸区相适应的国际化经营账户，允许境内外机构对不良资产处理自由。

（二）坚持金融为产业服务，建设产融结合示范区

金融创新运营示范区的设立还能够促进融资租赁外汇配套政策的实施。这需要国家相关部门大力支持，从教育、医疗、电信、金融、法律等多个方面放宽跨境消费和移动等模型的贸易限制。同时，根据贸易的特点，对相应的价格审定、真实性等贸易行为进行优化管理。争取拓宽融资租赁的服务边界。对于自贸区区内合格的商业保理企业，可以鼓励其开展离岸业务、跨境或跨省市的交易模式。从周边行业的完备性出发，建立全国性的租赁行业协会，开设航空金融学会，设立专业的国际商事总裁机构，完善金融租赁登记流转平台的运营模式等。此外，还应当创建大宗商品离岸交易市场，针对不同交易品种进行有针对性的监管。

（三）加快金融和科技融合，建设金融科技示范区

率先开展供应链金融、数字经济等产业试点。加快区块链、大数据技术、人工智能在金融等领域的运用，还可以设立专门研究区块链创新的研究院，引进大量专业性的人才。此外，可以通过培育天使基金和引导基金来为金融创新运营示范区提供良好的资金支持。强化协调监管和合作监管，推动自贸区开展金融综合管理，运用大数据、区块链技术强化风险防控等监管工具的多样性和智能化，推行金融监管沙盒模型的开展。此外，还可以运用区块链技术开展跨境交易、优化业务模式、提升服务效率、控制风险，从而提升贸易的便利化程度。

（四）深化京津冀金融协同，建立金融合作示范区

在深化京津冀三地进一步发展的进程中，需要为三地提供更多的信

贷资源，建设跨区域跨省市协作机制。开展离岸账户和非居民账户等方面的金融服务，能够满足京津冀地区国际往来的交易需求。设立三地共享工作机制，能够促进产业园区和自贸区的高效合作，促进三地协同发展的对外开放。此外，还可以在租赁、保理等领域实现业务模式的创新，建立自贸区境外办事处，提升国内外交易的高效性。促进京津冀区域与长三角、粤港澳大湾区在金融创新、金融运营等领域的合作互动。积极推进"一带一路"倡议，鼓励自贸区积极加入"一带一路"覆盖的国家或地区，创立产业园区，为京津冀"走出去"提供良好的国际承接平台。

（五）加强自贸区改革创新，建立自由贸易示范区

作为中国北方设立的第一个自贸区，天津自贸区背负着打通北方城市"一带一路"对外开放和服务京津冀世界级城市群建设的重要使命。天津自贸区不是天津的自贸区，是京津冀的自贸区，更是国家的自贸区。应该立足更广阔的视野，为国家经贸制度创新及对接国际投资贸易规则勇于试错、敢于试错。自贸区建设就是要为国家制度建设试错，为地方谋发展。天津自贸区建设要将此原则进一步贯彻落实。具体来说，第一，将制度创新摆在更为重要的位置。这需要我们对当前的自贸区发展绩效评估进行全方位改革，在注重实际经济成效的同时，站在国际化的视角上考核自贸区发展，尤其是要将具有颠覆性和创造性的制度创新方案纳入绩效考评。第二，积极争取国家相关部门的支持，选择若干外部环境好、产业基础好的区域，由国家授权进行相关改革政策的差异化试点，迅速总结评估并复制推广到全国。

第八章 金融创新运营示范区研究的结论和建议

一、研究结论

近年来，天津迎来京津冀协同发展、滨海新区开发开放和深化改革、天津自贸区建设等一系列国家重大战略。按照中央统一部署，天津将进一步搞好顶层设计和整体规划，努力建成全国先进制造研发基地、北方国际航运核心区、金融创新运营示范区、改革开放先行区。进一步加快推进综合配套改革试验和金融先行先试，更好地发挥市场在资源配置中的决定性作用和政府作用。在自贸区内，率先实施准入前国民待遇和负面清单等制度，推动投资和服务贸易便利化，并力争以体制机制创新推动自贸区与京津冀地区接轨，使区域共享改革红利。

（一）金融创新运营示范区内涵特征

金融创新运营示范区是指一个区域内的金融创新与运营服务交互促进，呈现出开放融合的新特征，进而促进各类金融要素向该区域集聚运营的城市核心功能区。金融创新运营示范区的内涵中蕴含着四个主要概念：金融创新、运营服务、交融开放、示范引领。

立足天津，伴随着天津滨海新区金融改革创新先行先试不断深入，天津市在金融工具、金融机构、金融市场或具体业务流程上的创新，尤其是促进创新在市场中的扩散上在全国处于前列。金融创新无疑是天津金融业的一项重要功能。

随着天津滨海新区开发开放和京津冀协同发展，中国经济第三增长极使地区实体经济快速崛起，为金融运营服务提供了广阔的市场潜力。

同时，天津发挥政策与服务优势，培育国际化、便利化的营商环境、交通环境和教育环境，为各类金融企业的投融资、日常运营和企业创新活动提供了便利化条件，使得包括融资租赁、证券基金以及结算交易在内的一大批金融运营中心快速发展起来。运营服务成为天津金融业的又一项重要功能。

近年来，天津金融创新和运营服务功能建设呈现出交融开放的新特征、新优势。其中，交融是指金融创新运营示范区的内外部因素相互作用，共同促进中心发展。从内部来看，金融创新提升运营能力和服务水平，运营服务确保金融创新的价值实现；从外部来看，金融创新运营示范区与京津冀协同发展、自贸区试验、服务经济体系建设相互促进。开放是指金融创新运营示范区以开放、竞争激发金融创新活力，以更高标准的开放促进京津冀与自贸区接轨。积极推进外资准入前国民待遇和负面清单管理模式，扩大金融服务等领域对外开放；扩大金融业对内开放，支持民营资本进入金融业。交融开放彰显了金融创新运营示范区建设的开创性和独特性。

新形势下天津将继续加快金融创新步伐，力争在一个较大区域内成为金融创新示范引领的枢纽城市。其中，示范引领是指凭借金融总部、业务和人才的枢纽地位，向周边市场扩散金融业务、组织、知识、标准和人才，推动京津冀乃至中国北方的金融协同发展。示范引领既是衡量天津金融改革创新能力的标准，也是新阶段天津金融发展的目标。

综上所述，本书认为金融创新运营示范区的内涵是在国家战略指导下，集聚于天津、服务京津冀、辐射中国北方、面向海内外、呈现交融开放特征、处于示范引领地位的金融创新枢纽。金融创新运营示范区是新形势下深化金融改革和开放的"试验场"和"对外展示窗口"，必然为新一轮区域金融创新，为京津冀协同发展和实现天津功能定位注入新的动能与活力。

（二）京津冀金融创新运营示范区

随着京津冀协同发展战略、自贸区战略等国家级战略的深入推进，天津金融创新运营示范区通过不断深化制度创新、完善合作机制等方式，为区域经济高质量发展和区域协同发展贡献了力量。

当前，坚决落实党中央赋予的"一基地三区"的功能定位，保持战略定力，迈向高质量发展。天津围绕金融创新运营示范区建设，在推进供给侧结构性改革、促进金融市场和金融机构创新、深化金融开放等方面制定了一揽子发展目标和计划。一系列政策措施的出台，将不断提升金融创新运营示范区服务京津冀协同发展的功能和成效。金融创新运营示范区将建成服务区域协同发展的金融开放示范区、产融结合示范区、金融科技示范区、金融合作示范区。

（三）金融创新运营示范区发展路径

立足全球化视野，实践国家重大战略，不断丰富和充实金融创新运营示范区功能，进一步完善金融市场和金融机构体系，形成对区域金融要素的巨大向心力，实现经济效益的最大化和效率最优化，力争成为中国金融改革开放和现代金融体系建设进程中制度创新和市场化改革的排头兵。在中央部署下，充分发挥综合改革创新区拥有立法权的改革优势，主动参与国家顶层设计，力争在天津自贸区、综合改革创新区和京津冀金融试验区等重点改革区域实行比现行政策更有优势、更加特殊的先行先试政策。

2015 年，天津以金融创新运营示范区建设为核心，协同推进现代金融集聚区、北方金融中心核心区、金融支持产业升级引领区建设。

2017 年，天津基于现代金融服务体系和金融先行先试的比较优势和特色优势，提升区域金融创新、开放合作、示范引领的功能定位，建成市场化水平高、开放创新能力强、示范引领效果好、与实体经济发展相适应的金融创新运营示范区，成为辐射亚太的人民币投融资集聚地。

2020 年，天津将建成金融业营商环境国际化、金融运行机制高度市场化、京津冀金融活动深度同城化、金融机构和金融要素市场集群化、金融运营与监管大数据化的现代化金融创新运营示范区。

2030 年，天津将建成具有国际领先水平的现代金融市场体系，积极参与中国乃至区域金融行业相关制度的制定与创新，打造具备全球影响力的国际金融中心和离岸金融中心，实现金融体系对区域经济的深度辐射与聚集作用。

（四）金融创新运营示范区建设重点

1. 推进金融创新运营示范区建设

全面实施京津冀协同发展、天津自贸区建设、多领域深化改革开放等国家战略，围绕实现京津冀区域定位和天津功能定位，制定实施天津金融创新运营示范区建设方案，全面深化金融业改革开放，推动金融产品创新、流程创新和业务辐射，推动天津建成金融创新和运营服务的中枢城市，充分发挥天津金融业的辐射引领作用。

2. 加快各类金融业态集聚发展

壮大银行、保险、证券等传统金融机构，加快聚集金融租赁、融资租赁、商业保理、财务公司、资金交易、离岸金融、互联网金融、物联网金融等创新型金融业态，促进现代金融业向产业化、高端化、国际化方向发展，实现金融创新与运营服务共生发展。

3. 推动自贸区金融改革创新

习近平总书记在党的十九大报告中明确提出，要赋予自贸区更大的改革自主权，同时探索自由贸易港建设。中国的改革已经进入了深水区，表面的、浅层次的、碎片化的改革已经难以发挥真正的效用。因此，要牢牢把握国家构筑开放型经济新优势和天津自贸区建设的机遇，在构筑境内外各类金融市场对接合作路径的基础上，进一步加强境内外的互联互通；在管控大规模跨境资本流动风险的前提下，进一步拓宽跨境投融资渠道，将境内外资产定价及交易机制进一步透明化，努力建成营商环境一流、各方积极参与、各类金融市场完善的国际金融示范区。

4. 促进金融服务业包容性发展

依托全国首批、天津首个民营银行筹建的契机，进一步完善天津市场化准入机制，让市场决定行业准入门槛，政府真正承担市场"守夜人"的职责。另外，要进一步完善民营资本进入金融业的已有机制，开拓新通道，积极鼓励民营金融企业的发展，促进天津金融服务业的包容性发展。

5. 推动特色产业金融率先发展

要充分发挥天津市先进制造业发达、航运便利、毗邻北京科技创新中心的现有优势，积极谋划新兴产业、未来产业的发展路径，其重点在于进一步强化金融服务，促进金融业供给侧结构性改革，建立起适应实体领域投融资发展需求的特色产业金融体系，加快金融业向综合金融服务功能的转变，形成产业金融示范区。

6. 促进新兴金融业态有序发展

天津市应依托自贸区的政策红利，在金融改革创新方面大胆闯、大胆试，不断丰富金融业态，进一步拓展和延伸金融产业链。要将创新金融产品与金融服务作为工作抓手，以发展科技金融和绿色金融为重点，积极培育衍生金融新业态和新型金融要素市场，加快构建金融创新运营示范区。

7. 加快普惠金融体系建设发展

将金融服务下沉、促进金融业包容性发展是今后天津市金融业发展应重点关注的问题。要积极引导金融服务业为保障民生、提供公共服务以及便利社会管理贡献力量，将普惠金融理念贯彻到实际发展中。具体来说，应积极鼓励金融机构为居民提供便捷、高效和针对性强的个性化金融服务，加大对金融产业和金融服务的创新力度。

8. 加强金融顶层设计和环境建设

制定总体规划，明确重点任务，全面推进金融创新重点区域与其他区县、功能区金融产业联动协同发展，努力形成布局合理、特色突出、相互借势、错位发展的良好局面。完善地方金融法治环境，完善地方金融监管体系，加强金融基础设施建设，确保区域金融稳定。

二、政策建议

"十三五"时期，天津需要加快金融先行先试步伐，以金融创新示范发展，推动金融定位目标和其他城市核心功能定位的实现，加快天津由产业型城市向功能型城市升级发展的步伐。

（一）加快天津金融改革创新，以高水平开放构筑集群化、国际化平台

1. 推动金融业市场化改革，提升金融资源配置效率

（1）建立市场化金融机构准入制度。深化金融机构开放，逐步放宽外资持股比例限制，直至完全放开，使金融业准入门槛（包括股东资质、持股比例以及业务范围等）由市场决定，有效控制政府在企业运营过程中的寻租行为。进一步放开金融市场，鼓励、支持、引导各类优质资本进入金融行业，大力发展混合所有制金融组织体系，为金融业发展提供有力的资金支持。自贸区实行"转变政府职能，负面清单管理"，要充分利用天津市建设自贸区的政策便利，在自贸区内实行外商投资准入前国民待遇原则和负面清单管理模式，用一流的营商环境和配套设施形成对外资金融机构的强大吸引力。具体而言，鼓励外资银行在自贸区内设立分支行，进一步缩短外资银行办事处升级为分支行的等待时间。除银行业外，积极鼓励外资金融机构在天津市设立投资公司、保理、融资租赁、小额贷款公司等各类金融企业。另外，在机构合作方面，支持自贸区内金融法人企业积极引入外资企业参股持股，通过引入战略投资者进一步完善公司治理结构，进而促进境内企业的持续健康发展。

（2）支持民营资本进入金融服务业。机会平等是市场经济的核心要求和本质体现。天津市金融创新运营示范区建设要在机会平等原则的基础上，引导民间资本流入金融领域。具体而言，支持一些实力雄厚、合规性较强的综合性大型企业设立银行、证券等行业的子公司，在促进自身发展的同时为丰富金融业态贡献力量。对原有的小额贷款公司和一些互联网金融企业，要鼓励其合规发展，通过成立行业委员会规范企业日常运营，为挂牌上市做好准备。另外，要积极引导民间资本参与金融业改革开放，通过资本运作引导民间资本进入银行、证券、保险领域以及基金管理公司等，参股甚至控股一批传统金融企业，完善金融企业的优胜劣汰机制，从整体上提高金融企业的质量。

（3）在利率、汇率市场化改革方面先行先试。要以天津自贸区建设为契机，在促进利率、汇率市场化措施上大胆闯、大胆试。在提高利率

市场化水平层面，在风险可控的前提下，让更多的商业银行参与基础利率集中报价，提高基准利率的市场化水平。另外，逐步探索同业存单发行新机制，加快放开贷款利率上限，逐步扩大金融机构资产及负债方的定价范围，并最终实现市场化定价。在提高人民币汇率形成机制市场化方面，要加快人民币定价机制改革，适时调整逆周期因子，参考一揽子货币，不断丰富外汇产品，深化外汇市场改革。另外，推进寿险预定利率的市场化水平和商业车险定价机制改革也是未来应重点推进的工作方向。

2. 提升金融市场开放水平，完善跨境资本流动机制

以金融支持实体经济发展建设为原则，以人民币经常项下可兑换便利化和资本项下可兑换试点为重点，推进金融国际化。扎实做好投资与服务贸易便利化金融改革创新专题研究和政策制度设计，集成天津海港、空港、物流园区、自主创新示范区等优势，突破体制障碍，体现天津特色。在完善金融法律制度政策体系、探索金融业对内和对外开放模式、加快资本项目可兑换、推进跨境人民币业务、探索建立监管指标体系等方面进行前瞻性研究，争取国家有关部门的支持，开展先行先试。

（1）促进跨境人民币业务创新。在具体做法上，重点推动以跨境人民币资金池、第三方跨境支付、人民币信贷跨境转让为代表的业务创新。抓住天津自贸区建设的机会，在通过个人渠道实现人民币跨境流动上先行先试，鼓励实力雄厚、合规性较强的企业积极开展跨境人民币资金池业务。在人民币贷款业务上，要进一步拓宽参与相关业务的企业主体类型、资金使用范围等，鼓励相关业务创新。保险领域也是人民币跨境流动业务的重要组成部分，要不断扩大人民币再保险业务的总体规模，推动保险业法人机构在境外上市融资，探索建立人民币投资基金。除此之外，基础设施建设也是促进跨境人民币业务创新的重要支撑，因此要进一步完善人民币跨境支付系统，发挥金融结算的作用，把天津自贸区建设成能够吸引境内外金融机构落户的关键平台，把天津打造成资产管理中心、境内外人民币投融资枢纽，将"法无禁止皆可为"的负面清单模式贯彻到建设实践中，形成金融要素集聚的强大向心力。

（2）加快离岸金融市场创新。自贸区设立的核心目的就是对接国际

高标准投资贸易规则，而对接国际高标准投资贸易规则离不开对离岸金融市场的创新。天津自贸区要依托现有资源优势，对在岸、离岸金融账户进行创新管理，争取实现离岸金融账户与境外账户、境内各类账户之间的资金可自由流动。充分发挥银行业金融机构在人民币离岸业务中的积极作用，鼓励商业银行设立离岸业务部，进一步提高非居民人民币业务的处理效率。

（3）推进外汇管理改革创新。进一步深化经常项目外汇管理制度改革。继续推进货物贸易外汇管理改革，完善服务贸易外汇管理政策，做好个人外汇非现场监管，加大对银行个人外汇业务的指导力度。争取尽快开展个人境外直接投资试点，推动自贸区合格境内投资者境外投资试点工作，开展直接投资、证券投资、衍生品投资等各类境外投资业务。做好保险、证券公司外汇业务管理。继续推进资本项目外汇改革试点。继续推进外资股权投资基金外汇改革、外商投资小额贷款公司资本金结汇改革试点，全面落实直接投资外汇管理改革政策。积极研究探索加快北方航运中心建设、发展离岸金融业务的外汇管理政策，推动外汇新业务在滨海新区先行先试。稳步推进个人本外币兑换特许业务的发展。指导特许机构建立健全内部管理制度，鼓励特许机构创新业务品种。加快特许机构全国化、国际化布局。推动特许机构运用行商模式开展个人本外币兑换特许业务，推动特许机构跨境调运外币现钞。积极研究基金产品、私募股权产品、信托产品等金融资产的跨境交易，扩大资本项下资金境内外投资的广度和深度。

3. 推动金融要素市场创新，构筑集群化、国际化平台

（1）支持直接融资创新发展。完善私募基金发展环境，培育合格的基金投资者和基金管理人，开发基金退出渠道；加强资金筹集、商业登记、托管账户、记录管理、投资运营和监管合规管理，完善合伙企业的公司治理模式；提高资金质量，大力发展股权投资基金、房地产投资基金和对冲基金作为综合和专项资金的主体。扩大信托基金规模，提高基金综合管理水平，逐步建立国家股票基金发行、管理、交易、信息和人才培养中心。继续为中国企业及其他区域分支机构举办国际融资洽谈会。支持在国内和海外资本市场融资的企业，通过在全国中小企业股份转让

系统、天津股权交易所、滨海柜台交易市场等场外交易市场挂牌拓宽直接融资渠道。支持股权和债务融资工具的灵活运用，支持上市公司通过企业债券、股票等实现再融资，引进优质中介机构，提高企业直接融资、兼并收购的质量和效率。

（2）促进场外交易市场发展。为满足企业多层次融资的现实需求，天津市金融创新运营示范区建设要进一步完善区域性的股权交易市场，推动建立沪深主板市场的双向转板机制，并将规范场外交易市场作为建立多层次资本市场的关键环节，充分发挥私募股权融资低成本、高效率、规范、便捷的优势。深度对接新三板机制，进一步完善入场标准、板块区分及中介服务等。大力发展新型要素市场，可以通过引入战略投资者等方式，进一步推动融资租赁、航空航运、贵金属等金融新业态的发展。在完善要素市场的基础上，进一步探索搭建衍生品交易市场，积极争取为农产品等与居民生活相关度更高的新型市场提供交易平台。进一步规范和完善贷款打包转让市场，探索票据市场、信托受益权转让市场的建设路径。就贵金属市场而言，金融创新运营示范区应积极搭建贵金属商品期货交割仓库，为黄金、白银等贵金融的期货交易设立基础平台。

（3）加快现货交易市场发展。期货交易市场建设的前提和基础是拥有完善的现货交易市场。因此，建设基础设施齐全、管理良好的现货交易市场是完善金融创新运营示范区功能的重要方面。具体来说，首先，要建立完善、便捷的支付系统，为拓宽贸易融资和资金结算渠道提供技术支持。其次，天津市现货交易市场的定位是建成全国重要的大宗商品交易基地以及国际知名的中转枢纽，这就需要与之相对应的营销、物流配送以及资金结算等配套支持。

4. 推动金融产品模式创新，不断丰富金融服务功能

（1）积极拓展创新性金融产品。金融产业创新要追求其普惠性，即能为普通居民、普通企业提供便利的金融服务。在票据市场，重点发展中期票据、集合票据等品种，推动公司债和集优债的快速发展。在固定收益品种的业务创新方面，积极尝试项目类收益债券、私募股权及小额贷款债等。发展与居民息息相关的住房抵押贷款证券化、老年人以房养老、汽车贷款证券化及慈善公益信托等。在医疗金融方面，加大改革力

度，发展以医疗责任险、电梯安全险等为主体的责任保险品种，进一步完善相关补偿机制。

（2）加快推进资产证券化创新试点。特殊目的公司（SPV）结构是一种能够实现将银行间债券市场引导进交易所市场的特殊制度设计，其主要是通过"信托＋专项计划"的方式，因此要大力推进SPV制度，积极探索资产证券化的具体路径和方式，争取试点额度，进而将其纳入常规的固定资产收益类产品管理。在地产领域，积极借鉴其他地区的发展经验，将土地信托纳入地产开放领域，促进集体性建设用地在市场上的流转。在保险领域，尝试将大灾、巨灾债券等产品证券化，研究推出创新型的债权类新产品。

（3）加快金融服务外包发展。金融服务外包的配套设施要加快发展，把投资环境、信息共享平台建设作为重点工作加速推进。要在顶层设计上更加重视金融服务外包企业的生存和发展，鼓励其创新金融产品。同时，要将商业保理的具体流程制度化、法制化，积极鼓励外资企业或中外合资企业设立由外资参股或控股的商业保理企业。探索反向保理等新的保理形式，支持商业保理企业开展融资担保、管理结算、调查催收等综合服务，将商业保理体系的规范化、制度化提上一个新的台阶。

5. 加快互联网金融集聚，完善互联网金融生态

（1）加快建设互联网金融集聚区。支持利用云计算、大数据等资源和平台，改变依靠物理网点提供金融服务和销售产品的传统方式。进一步加大支持企业合规设立的力度。允许主要从事互联网金融业务的企业在通过预审后，在名称中使用"互联网金融"或"网络金融"字样，并在工商登记等环节提供便利。秉持负面清单原则和底线思维，对于具有首创特征而现有法律法规尚无明确限制规定的新设机构，可依程序酌情给予一定的观察期。鼓励、支持和引导一些获得金融经营许可证的金融类企业进行金融创新，将其合规业务落户产业园，并进行适当的资助和奖励。

（2）扩展互联网金融产业链条。人类文明的进步史就是科学技术的发展史，金融科技在当今社会中的作用越发重要。要积极引导传统金融行业与现代互联网技术相结合，努力形成金融的创新型发展态势。在合法合规的前提下，鼓励一些实力雄厚的金融企业设立从事互联网金融业务的法人机构等，支持相关行业协会的筹建，并适当予以资金支持和政策扶持。

（3）加快互联网金融产业园载体建设。配套设施是否齐全是影响企业集聚发展的重要因素。配套设施既包括企业发展的营商环境，如交通、商务配套以及办公环境等，也包括人才吸引的生活环境，如相关金融人才工作、学习、生活的满意度和舒适度等。具体来说，应对复合型金融人才来产业园工作给予适当的住房补贴，在办公环境的优化方面给予政策扶持，在电力供给、网络使用以及医疗与子女教育方面给予一定的优先权。支持相关创新型企业自建厂房及办公用楼等，由政府出面给予一定的政策和资金支持。

（4）完善互联网金融生态环境。风险预警与管控是发展互联网金融的前提。首先，要推行产品创新备案制度，将互联网金融创新产品登记在线，为以后的追责提供线索，这一方面有助于对风险的管理，另一方面有助于对金融创新产品的管理。信息不对称一直是风险管理最棘手的一个方面，要尽快建立信息共享共联平台，让企业在阳光下运营。另外，要建立现场访谈式的监督制度，派出专业的督导检查组对问题企业当面进行指导。在消费者层面，首先，要充分利用新媒体手段宣传基本的投资理财理念，培养基本的风险意识，引导金融消费者理性参与投资理财。其次，要加强对消费者权益的保护，设立类似于存款保险制度的保障体系，将达到一定数额的理财资金纳入保障范围，如由企业牵头建立"金融消费者专项保护基金"等，对互联网金融风险的特点进行有针对性的管控。

（二）服务国家发展大局，积极对接京津冀协同发展与"一带一路"建设

1. 争创国家金融管理中心

按照京津冀协同发展、谱写新时期社会主义现代化京津"双城记"的战略安排，深入研究国际上国家行政副中心建设的成功经验，积极疏解非首都核心功能，承接全国金融管理功能的转移，逐步将天津建成国

家金融管理中心。其中，金融管理机构包括银保监会、证监会、大中型金融机构总部，以及上述组织下属的职能部门和新设部门。研究推动将天津武清、宝坻作为承接北京疏解金融管理功能的重点区域，以独特的区位、优质的服务和完善的配套，吸引金融监管机构、大中型金融机构总部等由非市场因素决定的金融管理机构（及其职能部门，尤其是新设部门）向天津毗邻首都的区域疏解，形成国家金融管理中心。

2. 促进京津冀金融协同发展

建立京津金融创新共同体，促进京津冀地区与自贸区高水平的金融开放标准接轨。第一，发挥天津的服务优势、载体优势和区位优势，主动承接非首都核心功能疏解。吸引在京金融机构、跨国公司总部或业务部门移至天津。第二，参与新三板建设扩容，力争承接新三板的更多功能。加强京津冀地区创新型市场领域的交流合作，推动同类型市场并购、联合，提升创新型市场的规模效应和竞争优势。第三，发挥自贸区开放优势和北京金融资源优势，在于家堡金融区设立离岸金融市场，支持金融企业在该市场建立定位于开展国际金融业务的分支机构，以专业能力和定制服务支持北方企业发展。

3. 积极对接国家"一带一路"倡议

当今世界，逆全球化思潮暗流涌动，中美贸易摩擦愈演愈烈，具有长期性、复杂性和反复性。在这样的国际形势下，中国在世界舞台上提出建设"丝绸之路经济带"和"21世纪海上丝绸之路"，用更加开放包容的心态面对逆全球化挑战，无疑彰显了中国的信心。天津作为北方经济重镇和环渤海大湾区的关键节点，在"一带一路"建设中可以发挥经济辐射和联动作用。天津自贸区要充分发挥京津冀"出海口"以及亚欧大陆桥的港口优势，探索"一带一路"保税区，对接国际高标准的投资贸易规则，增强对"一带一路"沿线国家的转口贸易和服务功能，把建设现代物流网络体系和商业服务平台作为首要工作重点推进，积极支持"一带一路"沿线国家的互联互通。

（三）拓宽金融支持产业路径，支持天津优势产业快速发展

1. 加快金融基础设施建设，营造具有国际水准的运营环境

（1）加强社会信用体系建设。推动实施《天津市社会信用体系建设工作方案》《天津市社会信用信息服务市场管理若干规定》《天津市企业信用征信数据库管理暂行办法》。制定出台"天津市社会法人失信惩戒办法（试行)""天津市自然人失信惩戒办法（试行)"。加快推动个人信用征信工作。支持联合信用管理公司申报取得个人征信业务资质，制定出台天津市个人信用征信数据库管理暂行办法，推动建设个人征信数据库。推动区县加快推进基层信用环境建设。逐步建设、完善区县信用信息管理系统，归集区县信用信息，强化区县信用信息应用、服务和管理。在具备条件的国家级开发区推广中小企业信用体系试验区试点工作。着手研究建立全市统一的信用信息交换平台，推动信用信息资源共享和应用。研究开展综合信用承诺登记备案制度试点工作。鼓励各类社会资本发起设立新型征信机构，培育发展信用服务市场。规范发展信用评级市场，建立和扶持一批企业信用评级机构。规范发展适应金融改革发展需要的会计、审计、法律、资产评估、资信评级等中介体系。

（2）完善动产金融登记制度。完善天津市动产权属统一登记公示制度，拓宽动产权属登记公示平台服务范围，推动相关法定登记机构充分利用平台功能进行动产权属登记和公示，提高动产融资交易效率，更好地为小微企业融资和实体经济发展服务，努力将天津市打造成全国动产融资创新发展中心。依托人民银行征信中心的应收账款质押登记公示系统、融资租赁登记公示系统和应收账款融资服务平台，积极做好动产融资创新服务，更好地满足资金供需双方需求。

（3）加强金融法制和防范风险能力建设。建立行业风险评估和风险防范机制，积极探索建立地方金融监管体系，加强对股权投资基金、融资租赁公司、小额贷款公司、融资担保公司、典当公司、投资公司、交易场所、融资平台、金融中介机构等领域的监督管理。严格落实金融稳定和风险防范工作机制，确保金融安全。加强经济金融法制建设，贯彻法律政策制度，开展法制宣传教育，加强投资者教育和消费者权益保护，

推进将投资者教育纳入国民教育体系试点工作。支持当事人采用仲裁方式解决争议，促进天津国际经济金融仲裁中心、天津海事仲裁中心和天津海损理算中心的发展，使其成为推进法制国际化的载体。完善金融执法体系，严厉打击非法集资、非法证券、内幕交易、非法外汇、非法支付结算等各类非法金融活动，严守不发生系统性、区域性金融风险的底线，努力构建金融安全区。

（4）金融创新运营示范区"两区一带"核心区建设。第一，进一步加快于家堡金融区建设，推进洛克菲勒中国中心、铁狮门金融中心等项目的建设，完善金融生态环境和市场秩序，建设机构集中、人才集聚、要素集约、功能健全的金融改革创新基地，服务现代产业发展的金融聚集区，面向世界的金融开放窗口。第二，进一步推进河西区友谊路金融聚集带建设，推进民营金融、互联网金融创新发展，复制自贸区金融开放经验，积极参与京津冀金融合作。第三，加快毗邻北京的京津冀金融合作示范区建设，使之逐步建设成为国家金融管理中心和京津冀区域金融深度合作、跨区域金融创新共同体建设的示范窗口。最终，在"十三五"时期将"两区一带"建设成为金融创新运营示范区的核心功能区。

2. 拓宽金融支持产业路径，实现实业、金融共生发展

（1）加快科技金融服务体系建设。与金融科技不同，科技金融旨在强调金融为高科技产业提供支持。高科技产业具有见效慢、投资规模大以及风险高的属性，很容易面临不同程度的融资约束。因此，应加强科技金融的专营机构建设，如设立专业性较强的中小科技银行，并推动国有商业银行成立专门的科技金融部门，积极响应国家号召，为高科技产业提供资金支持。在风险把控端，建立以科技保险为主体的企业风险分担机制。在产品创新方面，引导金融机构积极开展科技专利质押贷款、股权质押贷款等，为信贷债券转股权大胆试错。积极发挥行业联盟和行业协会的作用，设立科技金融联盟和科技金融协会，引导联盟、协会等自主协调各方利益，实现科技金融的良性发展。

（2）加大服务小微经济和促进消费的力度。小微企业是中国经济发展的重要驱动力量，为国家经济发展、大学生就业及社会资金融通等贡献了重要力量，但小微企业由于经营透明度低、形式多样，面临融资难、融资贵的困难，这就需要金融发挥应有的作用，引导社会资金支持小微企业的发展。从金融机构的角度来看，积极鼓励金融机构与小微企业直接搭建沟通交流平台，及时了解小微企业的经营情况和急需解决的经营问题，鼓励金融创新，使民营金融、互联网金融等走进小微企业的实际经营。从政府层面，可以设立专门的引导基金，在解决小微企业经营发展燃眉之急的同时，形成一种社会预期，让更多的力量参与到扶持小微企业发展的行动中。另外，还可以通过政府定向补贴等形式，鼓励消费，为小微企业增加有效市场需求。在企业层面，鼓励企业积极尝试发行企业债以及通过票据融资等渠道筹措发展资金，并对符合规定的业务创新给予一定的补贴。

（3）推进金融支持实体经济。金融是现代经济的核心，也是国家重要的核心竞争力，金融的本源就是为实体经济服务。随着经济社会的发展，金融的扶持作用更加重要。金融业不仅要回归服务实体经济的本源，更要做到"好钢用在刀刃上"，把重点资金用在社会急需的重点项目的建设推进上，对战略性新兴产业、未来产业以及现代服务业等重点扶持。鼓励金融创新，推动航运金融、医疗金融、绿色金融、科技金融等金融新业态的快速发展。支持消费金融优先发展，为拉动内需提供动力。在风险把控方面，政府可以成立专门的督导委员会，作为牵头部门，整合银保监会、金融办等金融监管单位，对各类金融投融资平台进行定期督导和风险把控，积极引导其为实体经济发展贡献力量。

3. 强化产业金融体系优势，支持优势产业快速发展

（1）加快产业金融发展。发展以发挥财政职能为重点的金融服务体系，运用财政拨款、贴息、贴费、担保等方式，支持企业和金融业发展。发展以服务滨海新区开发开放为重点的金融服务体系，加快发展财务公司、担保公司、评级公司等市场主体。发展以天津泰达国际控股（集团）有限公司为重点的金融控股集团，进一步整合地方国有金融资源，通过增资等方式支持地方国有金融企业做大做强，增强金融在转变经济发展方式中的积极作用。

（2）建设航运金融服务体系。全面贯彻落实国务院批准的北方国际航运中心核心功能区建设方案，做好船舶产业投资基金试点，继续发展飞机租赁基金和航空产业投资基金。做好航运税收政策和融资租赁货物出口产品出口退税政策试点。制定船舶特案登记制度试点方案，建立与国际接轨的船舶特案登记制度。支持租赁公司设立海外专项公司和单一项目公司，完善公司法人治理结构，适应租赁业务国际化发展的需要。支持天津海事仲裁中心和天津海损理算中心的发展，积极营造符合国际航运规则的海事海商服务环境。

（3）建设商贸物流资金结算中心。支持金融租赁公司和融资租赁公司集中集聚，全面优化以飞机为代表的进口租赁和保税租赁、以船舶为代表的出口租赁和离岸租赁发展环境，创立租赁客户资产轻量化和城乡基础设施融资租赁业务模式，建设融资租赁中心。做好滨海新区商业保理试点工作，规范商业保理公司的发展。支持商业银行在天津市设立非法人的保理业务部。支持金融服务外包公司集中集聚，发展票据分配、档案管理、信息处理、现钞物流管理等第三方金融外包服务和第三方支付融资模式，建成金融服务外包中心。支持现代服务业和物流业集中集聚，发展物资流、信息流和资金流，建立生产资料交易体系和生活资料销售体系，把直接交易与客户配送紧密结合起来，节约交易成本，降低物流成本，建成资金结算中心。

（4）加快农村金融服务体系的发展。鼓励金融机构到农村设立分支机构和网点，支持村镇银行、兴农贷款公司和农村金融服务站加快发展，提高为"三农"和小微企业服务的水平。在继续推进农业固定资产、农用生产设备和商标专用权、专利权、水域滩涂养殖权抵质押贷款的基础上，进一步扩大农村可抵质押权属范围，创新农村各类权属抵押融资模式。探索建立以政策性农业保险为主、商业性农业保险为辅的农业生产风险保障体系。

（四）差别化探索天津特色产业，不断丰富金融服务功能

争取国家支持，确立天津为融资租赁管理模式创新试点。制定出台天津市融资租赁业发展条例，从行业准入、行业监管、融资渠道和配套政策等领域出发，根据租赁业的综合性业态和国际化竞争特点，在天津试行新的政策措施，营造与国际先进地区具有同等竞争力的政策环境，

推动租赁业先行先试。

1. 鼓励租赁运营创新

鼓励在天津设立金融租赁公司和融资租赁公司，积极争取国家对租赁业准入政策创新的支持，将落户天津的各类租赁公司置于天津市自主审批和监管之下。支持金融、融资租赁公司在天津自贸区内进行业务运营创新，如设立单机、单船、大型设备等项目子公司或功能创新平台公司，开展航空器（材）、船舶和大型设备租赁等业务。建立融资租赁资产交易平台，鼓励开发覆盖债权与股权、场内与场外、标准与非标准的融资租赁产品，大力发展融资租赁资产交易市场。加快开展标的物权属登记服务试点。

2. 支持融资租赁产业拓宽融资渠道

推动租赁公司外债指标试点工作的开展，取消天津在融资租赁业的外债指标限制，给予企业根据所需决定外债规模和期限的自主权。准予租赁公司开设离岸账户，归集与筹措海外资金，开展人民币业务。在租赁公司与境外单机、单船等公司交易中，支持实行外汇资金的统一集中管理。鼓励天津租赁企业利用国家外汇储备，支持融资租赁企业利用股权投资基金、创业投资资金和保险资金等各类资金。同时，鼓励融资租赁产业通过发行金融债券、企业债券、短期融资券、中期票据、资产证券化等手段筹措资金。

3. 不断完善租赁配套政策

开展飞机等标的物引进管理模式创新，允许租赁企业直接订购飞机、船舶等租赁物，有关部门依照规定对企业订购和进口国外租赁物进行独立审查并办理相关手续。承认航运企业租赁标的运力。完善租赁标的物出入境、国际等级和适航管理，进一步完善天津自贸区的政策支持。

（五）健全民生金融体系与监管机制，促进区域普惠包容发展

1. 健全监管创新协同机制，保障实现金融发展目标

（1）加强组织领导。进一步加强与国家各有关部委的沟通联系，逐步建立健全国家各有关部委参加的沟通联络协调机制，整体研究、规划

和指导天津金融改革创新工作。定期或不定期召开由天津市人民政府与国家有关部门参加的天津金融改革创新协调推进会议，对金融改革创新实践进行综合协调和指导，推动重点改革事项加快落实。

（2）推动金融管理创新。争取金融监管权限下移，减少审批层级，实施靠前监管，将部分机构准入、业务创新、产品审查、高管核准等职能权限由上级监管部门向天津属地监管部门转移。争取保险法人机构属地化监管试点率先在天津开展。积极深化探索实行金融混业监管的可行发展路径，争取在天津自贸区推动设立专门的监管机构，率先实行混业监管。理顺地方金融事权，完善地方政府金融监管服务模式，明确地方金融监管部门的功能。充分促进产业政策激励作用的发挥，鼓励各区设立金融工作部门，为辖区内金融产业发展提供个性化措施支持。积极组建金融控股平台，培育各类配合地方金融产业规划推进实施的创新型金融机构。合理优化金融产业空间布局，为金融产业用地提供实际需求。创办能够发挥国际影响力的高端金融论坛，打造具有知名度的财经媒体品牌。

（3）集聚金融人才。实施国际性金融人才引进计划，建设一批具有全球视野和金融创新意识的高端人才队伍。制定金融行业人才安居扶持政策，建立市区双向联动的金融人才体系。充分整合高校、科研院所和金融机构资源，鼓励各金融研究机构设立金融博士后工作站，打造与国际接轨的金融创新型人才培训基地。发展设立有金融特色的研究机构，招揽专家学者构建一批有影响力的金融智库，打造具备金融创新能力的智囊团。创新中央金融监管部门、大型金融机构与地方政府干部双向挂职的交流常态机制，培养兼备知识与能力的人才干部队伍。

（4）完善政策保障。按照中央对滨海新区开发开放综合配套改革试验总体方案的要求、天津城市定位和滨海新区功能定位，推动金融改革与其他方面的改革相结合，坚持重点突破与整体创新相结合、金融创新与风险防范相结合、金融创新与服务实体经济发展相结合，先行先试若干重大金融改革创新措施。改进目前的金融产业发展激励机制，根据实际需要定制财政、税收和人才等相关的支持政策和配套措施。加大投入，加强硬件设施建设，为推进金融综合改革打好基础。

（5）打造金融知识高端平台。加强以高校院所、协同创新中心为核心的学术研究体系建设，搭建民营金融研究中心、互联网金融研究中心、自贸区金融研究中心、京津冀金融研究中心等实体化、常态化运作平台，积极开发民营金融、互联网金融以及区域金融指数、排名等研究产品，定期出版金融学术报告，确保研究部门和天津市在国内区域金融、互联网金融、民营金融等研究领域的前瞻性和领先地位。完善于家堡论坛等不同类型的同业交流平台。运用互联网、微信、微博等新媒体，加强对天津金融创新运营示范区的推介和成果报道，不断提升天津金融业的品牌价值和社会影响力。

2. 加快民生金融体系发展，促进区域普惠包容发展

（1）建设消费金融服务体系。支持捷信消费金融有限公司实现跨区域经营。支持中德住房储蓄银行增加资本金，扩大政策性住房信贷服务，拓展商业性住房信贷业务，增加全国分行机构布局。深入酝酿天津市房地产信托投资基金试点工作，拓宽保障性住房直接融资来源。推动渤海易生商务服务有限公司、荣程网络科技有限公司、天津城市一卡通有限公司发展。

（2）完善社区金融服务体系。广泛设立社区金融服务网点，在特定社区内设立为社区居民、商户和小微企业提供个性化金融服务的独立运营的社区银行，改善社区金融服务能力，重点支持与带动就业项目发展。鼓励与引导行业协会和商会、专业市场运营机构、产业链核心企业等依托自身资源提供特色小微金融服务。鼓励小额贷款公司创新服务模式，借助同业拆借、资产证券化等创新化方式拓宽其融资渠道。支持商业银行在开展应收账款质押贷款、租金收入质押贷款、小额循环贷款和无抵押贷款等业务时，提供适合小微企业融资特点的业务服务。大力推动金融机构发展小微企业专项金融债、贷款保证保险和信用保险等。支持中小企业贷款联保增信计划落地实施，推动建立中小企业贷款联保增信平台。

（3）打造国际财富管理中心。深化外资股权投资试点工作，创新外资股权投资企业在资本金结汇、投资、基金管理等方面的运作模式。鼓励私募股权基金、风险投资基金、天使基金、并购基金、对冲基金等机

构的建立，引导全球主权财富基金、养老基金、捐赠基金等进行以天津为中心的投资布局。合理利用综合改革创新区立法权，在天津滨海新区探索建立国际通行保密制度以保护投资者利益。创新家族信托和慈善公益信托运行模式，支持财富传承和公益事业的发展。支持发展高端理财业务，构建多元产品的"大资产管理"格局，如涵盖投资基金、银行理财产品、第三方财富管理、信托计划、债权投资计划、专项资产管理计划等的资产管理业务。

（六）高标准建设天津自贸区，充分释放制度创新红利

1. 要牢固树立寻求地方和国家之间最大公约数的发展理念

国家首次提出自贸区建设要为国家制度建设试错、为地方谋发展。天津自贸区建设要将此原则进一步贯彻落实。具体来说，第一，积极争取国家相关部门的支持，选择若干外部环境好、产业基础好的区域，由国家授权进行相关改革政策的差异化试点，迅速总结评估并复制推广到全国。第二，摒弃"一亩三分地"的陈旧思维，坚持大局观念。充分发挥天津自贸区作为京津冀"出海口"的作用，使自贸区成为天津推动京津冀协同发展、对外开放等国家战略顺利实施的重要平台。

2. 将赋予天津自贸区更大改革自主权落到实处

习近平总书记在党的十九大报告中明确提出，要赋予自贸区更大的改革自主权，同时探索自由贸易港建设。中国的改革已经进入了深水区，表面的、浅层次的、碎片化的改革已经难以发挥真正的效用。李克强总理也多次强调，要将改革的顶层设计与地方的首创精神更好地结合起来，鼓励和保护地方的首创精神。天津自贸区在京津冀协同发展战略深入推进的背景下，要发挥好自身制度创新试验田的优势，加大力度深化探索京津冀改革发展。天津自贸区作为京津冀一体化发展中的政策高地，势必促进人才和资源集聚。继上海自贸区后，带动区域发展成为自贸区建设的重要任务。天津作为北方经济中心，天津自贸区的发展对于京津冀乃至环渤海地区的辐射作用，势必带动华北、东北、西北即"三北"地区的发展。此外，世界各国的自贸区（港）都拥有一部"基本法"，确保自贸区（港）的法律地位。因此，建议国务院尽快出台中国自贸区条

例，通过立法保护改革者，鼓励自贸区创新，将自贸区的改革创新和首创精神提升到更高层次。

3. 充分发挥天津自贸区作为中国主动参与、制定、完善国际经贸规则桥头堡的功能

"一带一路"倡议提出后，中央政府相关部门及各自贸区纷纷响应，在服务好、建设好"一带一路"方面发挥各自的功能。自贸区作为中国经济进一步融入国际经贸环境的桥头堡，在参与制定及完善国际经贸规则过程中发挥着独特作用。这也正是国家继第二批自贸区更多约束放开后，设立第三批自贸区的初心之一。要发挥好天津自贸区的桥头堡功能，就要守住其国际产能合作先行示范区的优势地位，积极打造"一带一路"沿线国家和地区的产品交易、采购和展示中心，在积极参与制定和完善国际经贸规则中贡献中国思维，充分发挥自贸区制度创新的试验田作用。

4. 推动天津自贸区行政管理法制建设，强化以综合政策和法制环境为核心的自贸区软实力

自贸区建设是在贸易投资高标准自由化发展趋势下的一种新型制度和模式创新，旨在深度接轨世界经济，而非原来意义上开发区和保税区的升级版；自贸区应加强自身软实力建设，更加注重政策运行的稳定性和透明性、条件规则的平等性和一致性，而不是对政策、优惠和资源的拼夺。发展软实力必须注重政府公共服务，不仅体现为公共基础设施等硬件方面的服务供给，更重要的是体现在政府执行力、法制健全完善程度等方面。具体来看，要强化各部门间的沟通协作，简化行政管理审批流程；深化涉外投资管理体制机制改革，为推动重大项目落地、降低投资运营成本和总体经济发展提供法律层面的有效保障；通过立法手段优化天津综合国际营商环境，打造天津自贸区综合软实力竞争品牌。

5. 建立专业人才储备体系，建立自贸区智囊团

一是要结合本土文化优势与特色，吸引外部人才入驻。定期在自贸区内举办文化活动，形成符合地方特色的标签；设立以本土文化为核心的文化产业园区，与互联网企业联合打造本土文化品牌效应。二是要强化本土自贸区与本土高校的结合。本地高校可在自贸区引入代表企业专业人士作为校外专家开展讲座，自贸区企业也可为本地高校优秀毕业生提供招聘政策倾斜，留住本地培养的优秀高级人才。三是要建立校、政、企三地协作关系，充分发挥自贸区特色。结合本地自贸区的产业特色，通过政府政策引导、高校专业培养、企业大力引进的方式，形成专业人才吸引与培养产业链，逐步建立自贸区智囊团。

参考文献

[1] A E TSCHOEGL, S CHOI C YU. Banks and world's major financial centres, 1970 – 1980 [J]. Review of World Economics, 1986, 122: 48 – 64.

[2] ABRAHAM J P, BERVAES N, GUINOTTE A. The Competitiveness of European International Financial Centres [M]. In: Revell J. (eds.) The Changing Face of European Banks and Securities Market. Palgrave Macmillan, London, 1994. https: //doi. org/10. 1007/ 978 – 1 – 349 – 23141 – 6_12.

[3] AGHION P, HOWITT P, MAYER-FOULKES D. The effect of financial development on convergence: Theory and evidence [J]. Quarterly Journal of Economics, 2005, 120 (1): 173 – 222.

[4] CETORELLI N, PERISTIANI S. Prestigious stock exchanges: A network analysis of international financial centers [J]. Journal of Banking & Finance, 2013, 37 (5): 1543 – 1551.

[5] CHOI S R, PARK D, TSCHOEGL A E. Banks and the world's major banking centers, 2000 [J]. Review of World Economics, 2003, 139 (3): 550 – 568.

[6] CLARK G L, WOJCIK D. Path Dependence and Financial Markets: The Economic Geography of the German Model, 1997 – 2003 [J]. Environment and Planning A, 2005, 37 (10): 1769 – 1791.

[7] CURI, CLAUDIA, GUARDA P, LOZANO-VIVAS A, ET AL. Is foreign-bank efficiency in financial centers driven by home-country characteristics? [J]. Journal of Productivity Analysis, 2013, 40 (3): 367 – 385.

［8］ DAVIS E P. International financial centers：An industrial analysis ［R］. London：Bank of England Discussion Paper, No. 51, 1990.

［9］ DONAGHY, MATTHEW, CLARKE, MICHAEL. Are offshore financial centres the product of global markets? A sociological response ［J］. Economy & Society, 2003, 32（3）：381 – 409.

［10］ EDWARD S SHAW. Financial deepening in economic development ［M］. New York：Oxford University Press, 1973.

［11］ EWALD E , GROTE M H . Stock exchange virtualisation and the decline of second-tier financial centres—The cases of Amsterdam and Frankfurt ［J］. Journal of Economic Geography. 2009, 9（5）：679 – 696.

［12］ GEHRIG, THOMAS. Cities and the Geography of Financial Centres（June 1998）. CEPR Discussion Paper Series No. 1894, Available at SSRN：https：//ssrn. com/abstract = 125529.

［13］ GROTE M H , LO V , SOFIA HARRSCHAR-EHRNBORG. A value chain approach to financial centres—The case of Frankfurt ［J］. Tijdschrift Voor Economische En Sociale Geografie, 2010, 93（4）.

［14］ GROTE, M H . Foreign banks' attraction to the financial centre Frankfurt：An inverted 'U' -shaped relationship ［J］. Journal of Economic Geography, 2007, 8（2）：239 – 258.

［15］ GURLEY J, E SHAW. Financial structure and economic development ［J］. Economic Development and Cultural Change, 1967, 15：257 – 268.

［16］ GURLEY J, E SHAW. Money in a theory of finance ［M］. Washington, DC：Brookings Institution, 1960.

［17］ H C REED. The Preeminence of International Financial Centres ［M］. Praeger, New York, 1981.

［18］ Horne J C V . Of Financial Innovations and Excesses ［J］. Journal of Finance, 1985, 40（3）：620 – 631.

［19］ J D FINNERTY. Financial Engineering in Corporate Finance：An Overview ［J］. Financial Management, Winter 1998：14 – 33.

［20］ KINDLEBERGER C P. The formation of financial centers: A study in comparative economic history ［R］. Princeton Studies in International Finance No. 36, 1974.

［21］ KING R, LEVINE R. Finance, entrepreneurship, and growth: Theory and evidence ［J］. Journal of Monetary Economics, 1993, 32: 513 – 542.

［22］ Labasse , Jean. Les eapitaux et la region ［M］. Paris: Colin, 1995.

［23］ LAEVEN L, LEVINE R, MICHALOPOULOS S. Financial innovation and endogenous growth ［J］. Journal of Financial Intermediation, 2015, 24（1）: 1 – 24.

［24］ LANE, PHILIP R, MILESI-FERRETTI G M . Cross-border investment in small international financial centers ［J］. International Finance, 2011, 14（2）: 301 – 330.

［25］ LARUDEE, MEHRENE. Sources of Polarization of Income and Wealth: Offshore Financial Centers ［J］. Review of Radical Political Economics, 2009, 41（3）: 343 – 351.

［26］ LIU Y C , STRANGE R . An empirical ranking of international financial centers in the Asia-Pacific region ［J］. International Executive, 1997, 39（5）: 651 – 674.

［27］ MASCIANDARO, DONATO. Offshore financial centres: The political economy of regulation ［J］. European Journal of Law & Economics, 2008, 26（3）: 307 – 340.

［28］ MILLER S M. Financial innovation, depository-institution deregulation, and the demand for money ［J］. Journal of Macroeconomics, 1986, 8（3）: 279 – 296.

［29］ N S B GRAS. An Introduction to Economic History ［M］. New York, Harper , 1992.

［30］ PATRICK H T. Financial development and economic growth in underdeveloped countries ［J］. Economic Development and Cultural

Change，1966，14（2）：174 – 189.

［31］ POON J P H . Hierarchical Tendencies of Capital Markets Among International Financial Centers ［J］. Growth and Change，2003，34（2）：135 – 156.

［31］ PORTEOUS D J. The geography of finance：Spatial dimensions of intermediary behaviour ［M］. Aldershot：Avebury，1995.

［32］ POWELL. The Evolution of the Money Market：1384 – 1915 ［M］. London：Frank Cass，1915.

［33］ RAYMOND W GOLDSMITH. Financial structure and development ［M］. New Haven：Yale University Press，1969.

［34］ RONALD I MCKINNON. Money and capital in economic development ［M］. Washington，DC：Brookings Institution，1973.

［35］ ROSE，ANDREW K，SPIEGEL M M . Offshore financial centres：Parasites or Symbionts？ ［J］. Economic Journal，2007，117（523）：1310 – 1335.

［36］ SASSEN，S. The Global City：New York，NY，London，Tokyo ［M］. New York，Princeton University Press，2001.

［37］ SEMPLE R K. Recent Trends in the Spatial Concentration of Corporate Headquarters ［J］. Economic Geography，1973，49：309 – 318.

［38］ SILBER W L . The Process of Financial Innovation ［J］. American Economic Review，1983，73（2）：89 – 95.

［39］ SPUFFORD，PETER. From antwerp and amsterdam to london：The decline of financial centres in Europe ［J］. De Economist，2006，154（2）：143 – 175.

［40］ THRIFT N ，LEYSHON A . A phantom state？ The de-traditionalization of money, the international financial system and international financial centres ［J］. Political Geography，1994，13（4）：299 – 327.

［41］ VERNON R. Metropolis ［M］. Harvard University Press，Cambridge，1960.

［42］WANG D，ZHAO S，WANG D．'INFORMATION HINTERLAND'—A BASE FOR FINANCIAL CENTRE DEVELOPMENT：THE CASE OF BEIJING VERSUS SHANGHAI IN CHINA［J］．Tijdschrift Voor Economische En Sociale Geografie，2010，98（1）：102－120．

［43］WóJCIK DARIUSZ．Financial centre bias in primary equity markets［J］．Cambridge Journal of Regions Economy & Society，2009（2）：193－209．

［44］XIAOKAI YANG，JEFF BORLAND．A microeconomic mechanism for economic growth［J］．Journal of Political Economy，1991，99：460－481．

［45］ZHAO S X B，CAI J，ZHANG L．Asymmetric information as a key determinant for locational choice of MNC headquarters and the development of financial centers：A case for China［J］．China Economic Review，2005，16（3）：308－331．

［46］艾洪德，武志．建设东北区域金融中心的城市选址：实证分析［J］．金融论坛，2008（4）：42－47．

［47］蔡真．国际金融中心评价方法论研究：以 IFCD 和 GFCI 指数为例［J］．金融评论，2015，7（5）：1－17＋122．

［48］陈红霞，陈敏灵．我国西部建设区域金融中心的路径研究——基于西部三省市条件分析［J］．学术交流，2010（2）：104－110．

［49］陈琪，刘卫．建立中国（上海）自由贸易试验区动因及其经济效应分析［J］．科学发展，2014（2）：43－50．

［50］陈时兴．民间融资的风险成因与制度规范——以温州金融综合改革试验区为例［J］．国家行政学院学报，2012（5）：99－103．

［51］陈跃进．厦门建设区域性金融中心的 SWOT 分析［J］．厦门大学学报（哲学社会科学版），2006（2）：97－104．

［52］陈祖华．金融中心形成的区位、集聚与制度探析［J］．学术交流，2010（5）：76－79．

［53］褚伟．国际金融中心支付清算体系比较及对上海的启示［J］．

上海金融，2007（1）：12－17.

［54］范从来，林涛．构建南京区域性金融中心的战略研究［J］．南京社会科学，2005（1）：72－79.

［55］高山．主要国际金融中心竞争力比较及对上海的启示［J］．社会科学研究，2009（4）：42－49.

［56］国务院发展研究中心课题组．未来15年国际经济格局变化和中国战略选择［J］．管理世界，2018，34（12）：1－12.

［57］韩瑞栋，薄凡．自由贸易试验区对资本流动的影响效应研究——基于准自然实验的视角［J］．国际金融研究，2019（7）：36－45.

［58］何帆，张斌，等．香港离岸人民币金融市场的现状、前景、问题与风险［J］．国际经济评论，2011（3）：84－108＋5.

［59］贺瑛，华蓉晖．金融中心建设中的政府作为——以纽约、伦敦为例［J］．国际金融研究，2008（2）：60－66.

［60］胡坚，杨素兰．国际金融中心评估指标体系的构建——兼及上海成为国际金融中心的可能性分析［J］．北京大学学报（哲学社会科学版），2003（5）：40－47.

［61］黄鹏翔．金融集聚研究综述［J］．金融发展评论，2018（2）：67－79.

［62］黄韬．自贸区试验与国际金融中心建设的法制变革需求［J］．上海交通大学学报（哲学社会科学版），2014，22（3）：14－15.

［63］蒋瑞波，蒋岳祥．区域金融创新与区域经济发展的实证研究［J］．浙江学刊，2012（5）：157－162.

［64］蒋岳祥，蒋瑞波．区域金融创新：效率评价、环境影响与差异分析［J］．浙江大学学报（人文社会科学版），2013，43（4）：52－65.

［65］黎绍凯，李露一．自贸区对产业结构升级的政策效应研究——基于上海自由贸易试验区的准自然实验［J］．经济经纬，2019，36（5）：79－86.

［66］李虹，陈文仪．建立国际金融中心的条件和指标体系［J］．经济纵横，2002（2）：35－38.

［67］李敏强，刘子利．天津滨海新区航运金融市场建设政策研

究——基于航运金融市场特征的分析 [J]. 天津师范大学学报（社会科学版），2012（6）：24 - 27 + 76.

［68］李文增. 战略性新兴产业发展的现代金融服务体系研究——以天津滨海高新区的发展为例 [J]. 天津师范大学学报（社会科学版），2010（5）：63 - 67.

［69］李亚敏，王浩. 跨国公司地区总部集聚与国际金融中心演进——兼论对上海经济增长的启示 [J]. 经济管理，2007（19）：17 - 23.

［70］李扬. 金融中心：聚集金融资源的有效机制 [J]. 经济管理，2003（9）：60 - 63.

［71］连建辉，孙焕民，钟惠波. 金融企业集群：经济性质、效率边界与竞争优势 [J]. 金融研究，2005（6）：72 - 82.

［72］梁小珍，杨丰梅，等. 基于城市金融竞争力评价的我国多层次金融中心体系 [J]. 系统工程理论与实践，2011，31（10）：1847 - 1857.

［73］林铁钢，吴超，等. 后危机时期加快推进天津金融改革创新的思考 [J]. 华北金融，2010（1）：11 - 15.

［74］林铁钢，吴超，刘伯酉. 发挥滨海新区先行先试作用　大力发展我国碳金融市场 [J]. 华北金融，2010（11）：10 - 13.

［75］林铁钢. 建立动产融资统一登记公示平台 [J]. 中国金融，2013（6）：16.

［76］刘秉镰，吕程. 自贸区对地区经济影响的差异性分析——基于合成控制法的比较研究 [J]. 国际贸易问题，2018（3）：51 - 66.

［77］陆红军. 多重时代的金融中心群落——上海金融中心的转型与抉择 [J]. 上海金融，2013（9）：3 - 7 + 116.

［78］马德功，杨陈晨，刘林昕. 成渝构建区域金融中心比较研究 [J]. 社会科学研究，2012（4）：14 - 18.

［79］苗润雨，王双进. 社会融资规模视角下天津金融发展探究 [J]. 宏观经济管理，2014（6）：75 - 77.

［80］倪鹏飞. 当前中国城市竞争力的若干问题分析——兼评福建省主要中心城市竞争力 [J]. 福建金融，2005（8）：4 - 9.

［81］倪鹏飞. 中国城市竞争力的分析范式和概念框架 [J]. 经济

学动态，2001（6）：14 - 18.

　　[82] 倪权生. 基于综合评价模型对国际金融中心影响力的研究 [J]. 科学技术与工程，2009，9（7）：2008 - 2012.

　　[83] 聂飞. 自贸区建设促进了制造业结构升级吗？ [J]. 中南财经政法大学学报，2019（5）：145 - 156.

　　[84] 潘英丽. 论金融中心形成的微观基础——金融机构的空间聚集 [J]. 上海财经大学学报，2003（1）：50 - 57.

　　[85] 上海金融业联合会. 上海金融景气指数报告：2011 年上半年 [M]. 上海：上海交通大学出版社，2012.

　　[86] 苏宁. 加快长三角金融协调发展 支持区域经济一体化进程 [J]. 中国金融，2008（10）：14 - 16.

　　[87] 孙国茂，范跃进. 金融中心的本质、功能与路径选择 [J]. 管理世界，2013（11）：1 - 13.

　　[88] 孙建红. 中国区域金融中心发展的对策研究——以上海"两个中心"背景下的宁波为例 [J]. 财贸经济，2011（8）：75 - 80.

　　[89] 孙南申，彭岳. 国际金融中心法制环境建设的政策与法律措施——以中国金融安全保障为视角 [J]. 复旦学报（社会科学版），2012（2）：25 - 34.

　　[90] 谭娜，周先波，林建浩. 上海自贸区的经济增长效应研究——基于面板数据下的反事实分析方法 [J]. 国际贸易问题，2015（10）：14 - 24 + 86.

　　[91] 陶锋，胡军，等. 金融地理结构如何影响企业生产率？——兼论金融供给侧结构性改革 [J]. 经济研究，2017，52（9）：55 - 71.

　　[92] 汪川，刘佳骏. 借鉴国际银行设施（IBF）模式建设上海自贸区离岸金融中心 [J]. 上海金融，2014（6）：46 - 48 + 112.

　　[93] 汪云沾，张善伟，林喜鹏. 前海金融战略定位及深港证券业合作探讨 [J]. 证券市场导报，2013（2）：4 - 11.

　　[94] 王爱俭，杜强. 天津金融发展报告（2014）[M]. 北京：社会科学文献出版社，2014.

　　[95] 王爱俭，李向前，等. 建设天津金融创新运营中心　以运营

服务塑造金融新优势 [J]. 华北金融, 2014 (8): 21 - 25 + 45.

[96] 王爱俭, 刘喜和, 王学龙. 现代金融服务体系竞争力指标体系构建与评价——兼议天津金融服务体系的完善 [J]. 现代财经 (天津财经大学学报), 2011, 31 (12): 24 - 32.

[97] 王爱俭, 赵鹏. 天津金融业增加值现状及其预测研究 [J]. 天津师范大学学报 (社会科学版), 2013 (3): 35 - 38.

[98] 王爱俭. 现代金融服务体系的构建与优化——基于滨海新区金融改革创新基地建设 [J]. 中国流通经济, 2009, 23 (12): 70 - 73.

[99] 王芳. 经济金融化与经济结构调整 [J]. 金融研究, 2004 (8): 120 - 128.

[100] 王浩. 跨国公司地区总部与国际金融中心互动研究——兼论跨国公司在上海设立地区总部的吸引力营造 [J]. 上海金融, 2005 (7): 33 - 37.

[101] 王力, 盛逖. 我国区域金融中心竞争力研究 [J]. 中国社会科学院研究生院学报, 2009 (3): 46 - 53.

[102] 王利辉, 刘志红. 上海自贸区对地区经济的影响效应研究——基于"反事实"思维视角 [J]. 国际贸易问题, 2017 (2): 3 - 15.

[103] 王曼怡, 刘同山. 我国中央商务区金融集聚问题研究——以天津滨海新区为例 [J]. 经济纵横, 2010 (10): 58 - 60.

[104] 王仁祥, 石丹. 区域金融中心指标体系的构建与模糊综合评判 [J]. 统计与决策, 2005 (17): 14 - 16.

[105] 王仁祥, 石丹. 武汉建设区域金融中心的优势、劣势分析及对策 [J]. 武汉金融, 2005 (6): 41 - 43.

[106] 王廷科, 张军洲. 中国的金融中心问题研究 [J]. 金融与经济, 1996 (1): 14 - 19.

[107] 王叙果, 王宇伟. 区域金融中心定位研究——基于南京市的讨论 [J]. 学术界, 2011 (6): 182 - 188 + 288 - 289.

[108] 吴念鲁, 杨海平. 关于打造中国国际金融中心的评析与思考 [J]. 金融研究, 2008 (8): 166 - 176.

［109］吴晓求．中国构建国际金融中心的路径探讨［J］．金融研究，2010（8）：199－206.

［110］项后军，何康，于洋．自贸区设立、贸易发展与资本流动——基于上海自贸区的研究［J］．金融研究，2016（10）：48－63.

［111］肖本华．新加坡国际金融中心建设的措施、成效与启示［J］．亚太经济，2010（3）：35－41.

［112］薛波．国际金融中心研究的初步发展和"理论衰落"［J］．上海经济研究，2007（1）：101－108.

［113］闫彦明，何丽，田田．国际金融中心形成与演化的动力模式研究［J］．经济学家，2013（2）：58－65.

［114］杨长江，谢玲玲．国际金融中心形成过程中政府作用的演化经济学分析［J］．复旦学报（社会科学版），2011（1）：99－107.

［115］杨咸月，何光辉．城市群与国际金融中心的战略整合［J］．上海经济研究，2005（1）：3－8.

［116］杨再斌，匡霞．上海国际金融中心建设条件的量化研究［J］．华东理工大学学报（社会科学版），2004（1）：27－32.

［117］姚洋，高印朝．金融中心评价指标体系研究［J］．金融论坛，2007（5）：3－8.［19］陆红军．国际金融中心竞争力评估研究［J］．财经研究，2007（3）：47－56.

［118］俞肇熊，云丽虹．香港国际金融中心的比较优势——兼论上海金融中心所面临的挑战和机遇［J］．世界经济研究，2009（1）：75－81＋89.

［119］张永鹏．建设西部多金融中心的可行性研究［J］．经济体制改革，2009（1）：149－152.

［120］张湧泉，毕燕君，郗文泽．天津市区域金融发展与经济增长实证研究［J］．天津师范大学学报（社会科学版），2010（6）：75－80.

［121］张泽慧．国际金融中心指标评估方法及指标评价体系［J］．社会科学研究，2005（1）：45－48.

［122］赵晓斌，王坦．跨国公司总部与中国金融中心发展——金融地理学的视角与应用［J］．城市规划，2006（S1）：23－28.

［123］郑青．建设海峡两岸区域性金融中心对策研究［J］．东南学术，2009（6）：53－59．

［124］郑威，陆远权．中国金融供给的空间结构与产业结构升级——基于地方金融发展与区域金融中心建设视角的研究［J］．国际金融研究，2019（2）：13－22．

［125］中国人民银行货币政策分析小组．中国区域金融运行报告（2019）［R/OL］．（2019－07－19）［2020－02－11］．http：//www.pbc.gov.cn/goutongjiaoliu/113456/113469/3862882/2019071920152546984.pdf．

［126］中国人民银行天津分行．天津持续加大金融支持力度，助推京津冀协同发展［R/OL］．（2019－10－08）［2019－12－20］．http：//tianjin.pbc.gov.cn/fzhtianjin/113678/3899313/index.html．

［127］中国综合开发研究院．中国金融中心指数报告（第十期）：走进广州［M］．北京：中国经济出版社，2018．

［128］周立群，潘宏胜．国内城市金融体系竞争力的比较研究——以天津为例［J］．天津社会科学，2003（2）：93－98．

［129］周天芸，岳科研，张幸．区域金融中心与区域经济增长的实证研究［J］．经济地理，2014，34（1）：114－120．

［130］周小川．金融改革"自下而上"［J］．资本市场，2013（2）：9－11．